从语言学习到文化理解——英汉语言文化对比研究

闫卫芳　著

全国百佳图书出版单位|吉林出版集团股份有限公司

图书在版编目（CIP）数据

从语言学习到文化理解：英汉语言文化对比研究／
闫卫芳著. -- 长春：吉林出版集团股份有限公司，
2020.7

ISBN 978-7-5581-8808-4

Ⅰ.①从… Ⅱ.①闫… Ⅲ.①英语-文化语言学-对
比研究-汉语 Ⅳ.①H31-05②H1-05

中国版本图书馆 CIP 数据核字（2020）第 111079 号

CONG YUYAN XUEXI DAO WENHUA LIJIE YINGHAN YUYAN WENHUA DUIBI YANJIU

从语言学习到文化理解 —— 英汉语言文化对比研究

著：闫卫芳
责任编辑：朱　玲
封面设计：王　艳
开　　本：720mm×1000mm　1/16
字　　数：210 千字
印　　张：11.25
版　　次：2020 年 7 月第 1 版
印　　次：2022 年10月第 2 次印刷

出　　版：吉林出版集团股份有限公司
发　　行：吉林出版集团外语教育有限公司
地　　址：长春市福祉大路 5788 号龙腾国际大厦 B 座 7 层
电　　话：总编办：0431-81629929
印　　刷：廊坊市印艺阁数字科技有限公司

ISBN 978-7-5581-8808-4　　定　　价：52.00 元

前　言

　　语言，并不是一个新兴的词汇，它几乎与人类的诞生是同步的。语言是人类最重要的交际工具，也是人与人之间思想交流的重要媒介，它对经济发展、社会变革、科技进步有着重要的影响。更为重要的是，语言与文化关系密切，语言是文化的重要载体，对文化的传播起着不可替代的作用；文化是语言的集成，对语言的发展同样起着举足轻重的作用。可以说，如果没有语言就不可能有文化，几乎每种文化都有自身独特的语言。语言与文化之间相互作用、相互影响、相辅相成。

　　中国与以英语为母语的国家由于地理位置、思想观念、人文环境、生活方式、宗教信仰、历史渊源等方面不同，英汉语言文化也存在着很大的差异。这种差异不仅源于语言系统的特征，也作用于语言表达和理解的各个领域。众所周知，语言学习的最终目的是运用语言进行沟通和交流。成功的语言交际不仅是使用准确而恰当的语言进行思想和情感的交流，同时还需要对语言所蕴含的文化背景、文化内涵进行渗透。因此，研究英汉语言就必须研究英汉语言文化。

　　众所周知，英汉语言文化研究并不是一个简单的过程，它不仅涉及英语文化和汉语语言，还涉及英汉语言的相同之处和不同之处。因此，要想系统而全面对地研究英汉语言文化，还需要对英汉语言文化进行对比。英汉语言文化对比是比较和分析英语和汉语两种语言的异同，对英语研究、汉语研究及其英汉翻译研究都具有重要的现实意义。因此，如何学习语言，如何理解文化，如何对英汉语言文化进行对比，成为教育界亟待解决的问题。基于此，作者在总结多年教学经验和科研经验的基础上，系统梳理了英汉语言文化对比并编纂了此书，以期能够为英汉语言文化对比研究提供新的帮助。

　　本书共分八章。第一章主要从语言和文化入手，分析了语言与文化的关系。第二章到第七章主要从英汉语言、修辞与语用文化、习俗文化、社会文化、生态文化、专有名词、成语文化、习语文化等方面对英汉语言文化差异进行了系统比较。第八章主要将英汉文化对比与跨文化交际有机融合，同时重点分析了跨文化交际及语用失误现象，并剖析了英语思维与跨文化交际能力培养。

与其他书籍相比，本书有以下特色：

第一，创新性。本书紧跟新时代发展的步伐，结合英汉语言文化对比学术研究的最新动态，在简要分析语言和文化的基础上，对英汉语言文化对比进行了创新性研究。同时，本书还系统剖析了英汉网络语言对比，为英汉语言对比提供了新的研究视角。除此之外，本书在探索英汉文化对比时，结合跨文化交际，并分析了跨文化交际中的语用失误及英汉文化差异对交际的影响，为英汉语言文化研究指明了方向。

第二，实用性。众所周知，英汉语言文化理论是枯燥、乏味的，如果只对英汉语言文化理论进行对比，不利于激发学习者的学习兴趣。本书以英汉语言文化对比为核心，不仅对英汉语言文化理论的异同进行了对比，还列举了大量实例，有利于学习者的理解。另外，本书从语言、语用、修辞、生态、社会、习俗、习语等多个层面对英汉语言文化对比进行了探究，内容广泛、详略得当，增加了文章的实用意义。

本书在写作过程中，查阅了很多国内外资料和文献，吸收了很多与之相关的最新研究成果，借鉴了大量学者的观点，在此表示诚挚的感谢！由于英语语言及文化处于不断的发展和变化中，再加上作者能力有限，书中难免存在不足之处，请广大读者批评指正。

目　录

第一章　语言与文化

　　语言承载着文化，并且是文化的一部分，所以语言和文化是不可分割的统一整体。要想了解不同语言之间的联系，必须研究语言背后的文化。本章在分析语言和文化的基础上，对语言和文化的关系进行了系统论述。

第一节　语言

一、语言的内涵和外延

（一）语言的内涵

关于语言的内涵，不同的学者和专家有着不同的观点和看法。

1. 从语言与人类精神活动关系的角度

洪堡特（Humboldt）认为，语言是构成思想的工具。[①]

施坦塔尔（Steinthal）提出，语言是对意识到的内部的心理的和精神的运动、状态和关系的有声表达。[②]

2. 从语言结构的角度

叶姆斯列夫（Yemslev）认为，语言是纯关系的结构，是不依赖于实际表现的形式或公式。

---

① ［德］威廉·冯·洪堡特. 洪堡特语言哲学文集［M］. 姚小平，译. 长沙：湖南教育出版社，2001：36.

② 赵璐. 基于语言与文化对比的英汉翻译探究［M］. 长春：吉林大学出版社，2019：19.

3. 从语言功能的角度

萨皮尔（Sapir）认为，语言是人类特有的，非本能地利用任意产生的符号体系来表达思想感情和愿望的方法。①

舒哈特（Shuhart）认为，语言的本质就在于交际。②

4. 从语言的心理和认知基础的角度

索绪尔（Saussure）认为，语言是表达思想的符号体系。③

乔姆斯基（Chomsky）认为，语言是一种能力，是人脑中的一种特有的机制。④

因此，语言学界还没有给语言下一个统一的定义。笔者认为，语言最简明、最直接的定义就是"语言是一种交际方式。"

另外，对于"语言"内涵的理解，《韦氏新世纪词典》（*Webster's New World Dictionary*）也有着详细的论述：（1）（a）人类语言（human speech）；（b）通过这一手段进行交际的能力（the ability to communicate by this means）；（c）一种语言和语义相结合的系统，用来表达和交流思想感情（a system of vocal sounds and combinations of such sounds to which meaning is attributed, used for the expression or communication of thoughts and feelings）；（d）系统的书写形式（the written representation of such a system）。（2）（a）任何一种表达或交流的手段，如手势、标牌或动物的声音（any means of expressing or communication, as gestures, signs, or animal sounds）；（b）由符号数字及规则等组合成的一套特殊体系，用来传递信息，类似计算机信息传递（a special system composed of symbolic numbers and rules, used to transmit information, similar to computer information transmission）。⑤

尽管前面从不同角度对语言的内涵进行了阐述，且都对语言的特征进行了一定的说明，但却不是全面的，而且即使将上述观点融合在一起，也不能全面地说明语言的内涵。可以说，迄今为止还没有一个确切的"语言"内涵。本书认为，语言最直接、最简明的定义就是"语言是一种口头交际工具"。

---

① 薛锦. 英汉语言对比分析和研究 ［M］. 汕头：汕头大学出版社，2019：42.

② 徐跃. 英汉语言对比及文化差异 ［M］. 成都：四川大学出版社，2018：28.

③ ［瑞士］索绪尔. 索绪尔第三次普通语言学教程 ［M］. 屠友祥，译. 上海：上海人民出版社，2007：40.

④ ［美］乔姆斯基. 语言知识——其性质、来源及使用 ［M］. 张鲲，译. 北京：外语教学与研究出版社，2001：9.

⑤ 燕频. 语言学视角下的英汉翻译探究 ［M］. 长春：吉林大学出版社，2019：93.

（二）语言的外延

对于语言的外延，下面主要从语言结构和语言建构两个方面进行论述。

1. 语言的结构

语言是音义结合的词汇和语法体系，语言包含的所有结构要素都有规律地相互联系和制约，构成一个统一的整体。

在语言体系中，词汇就像语言的建筑材料。词汇主要包括词和熟语，其中的词是能够独立使用的最小单位，主要由词素构成。而词素是语言中的最小单位，不能再继续划分。熟语是词的固定组合，如英语 cast pearls before swine，汉语"对牛弹琴"等。需要指出的是，词汇不能脱离语法的支配，而只有在语法的支配下，词汇才具有可理解的性质。

语法是指语言的组织规律。在一定的语法规则的支配下，词素可以构成词或词性，词可以构成词组，词组可以构成句子。词素构成词的规则为构词规则；词搭配成词组的规则为造词组规则。语法规则是语言中现成的，它们构成语言的语法，用来组织词汇单位，所以可将其称为"语言的建筑法"。构词规则即构词法，构形规则即构形法，构词法和构形法合称为"词法"。词法可进一步分为词素分类和词类。构造词组的规则即词组构词法，造句规则即造句法，词组构词法和造句法合称为"句法"。句法又分为词组类型和句型。

众所周知，词汇和语法都是音义结合的。这里的"音"即语音，是作为语言的物质外壳而存在的，其最小单位是音素。这里的"义"即语义，是语言的意义内容，其涉及词汇意义、语法意义和修辞意义三个方面。对于语义来讲，语音就是表现形式，没有语音的物质形式，语义也就不能表达；但是如果只有语义形式而没有语义内容，那么声音也就不能称之为语言单位。

总之，语言是以语音为物质外壳、以语义为意义内容的、音义结合的词汇建筑材料和语法组织规律的体系。语言体系是在人类历史的发展过程中形成的，是客观存在的，是约定俗成的，具有较强的稳定性。此外，各语言体系还具有民族性。因此，在学习和研究语言的过程中，必须对语言体系及其结构要素间的关系予以足够的重视。

2. 语言的建构

建构的含义主要包括两个方面，一是指利用语言体系中的材料构成话语，二是指利用话语中的创新，在其约定俗成之后，充实语言结构体系。语言的建构主要有两个特征：阶段性和连续性，二者是相统一的关系。阶段性使得语言结构相对稳定，能够保证交际的需要；而连续性使得语言结构不断发展，能够满足不断增长的交际需要。

任何语言的结构都是在交际和思维活动中建立起来的，并通过使用逐渐形成，形成之后也不是固定不变的，而是不断发展的。因此，建构是动态的，在语言交际过程中，建构无数新话语的同时，话语中的创新成分不断丰富着语言体系。

综上所述，语言结构和语言建构是相互联系、相互作用的。如果语言结构离开了语言建构，那么语言结构就不能适应社会交际，语言体系就会显得匮乏。因此，语言学在继续研究语言结构的同时，还应研究语言建构的基本规律，以促进语言的发展。

二、语言的功能

（一）命名功能

所谓命名功能，主要指的是语言被用作标识事物或事件的手段。赋予个人体验以名称，这是人类的一种强烈的心理需求，这种需求蕴含着重大意义。大部分小孩子对掌握生词有一种迫切的要求，这一点也就表明了掌握鉴别事物的符号的重要性。

在人类还没有语言之时，世界万物在人类的心目中也会留下不同的印象，从而人们可以感觉到它们之间的差异，并且通过不同形象的识别来分辨它们，但人类却无法表达出来。也许在人们的大脑中只存在一些有关这些事物的简单的意会，而且没有标识的事物一旦多起来，会造成混乱。在这种情形下，人们就有了为事物命名以示区别的客观需要，一些名称相继出现。随着语言的诞生和不断完善，为事物命名以及赋予事物以意义这些问题就得到了很好的解决，使得人类的记忆力得以提高，进而发展了人类的智力。

（二）认知功能

认知功能是指语言被用作思考的手段或媒介。它是语言最重要的功能。人们的思维活动是以语言为载体进行的，即用语言进行思维。一切复杂的、精密的、抽象的思维都离不开语言。语言帮助人类进行抽象、推理、判断、分析、比较、概括等更高层次的思维，从而使人类的头脑越来越发达，进而创造出丰富多彩的物质文明和精神文明，构筑了灿烂的文化。

（三）陈述功能

陈述功能指的是语言被用作说明事物或事件之间的关系的手段。随着人类文明和社会的发展，仅有命名功能还不足以满足人们的交际需求。现实生活中人、事、物之间总是发生着各种隐含或外显的关系，而且人们往往有表达这些关系的需求。于是，最初人类就采用一些主谓句式或者"话题—评述"的功能语法结构等来表达事物之间的关系，从而形成一个个命题。但是通常情况下，一个命题显然无法满足人们交际的需要，于是人们就创造出若干命题，从而形成了篇章。因此，人类就慢慢学会了表达复杂的命题。

（四）信息功能

信息功能是指语言被用作传递信息的手段。一般来讲，人们在说话时都是在传递某种信息，从而发挥着语言的信息功能。但有一点需要强调，即所传递的信息必须与信息接受者已有的信息结构相匹配，否则信息接受者将无法接收所传递的信息。最典型的例子是课堂教学，教师必须在学生现有的知识结构的基础上传授知识技能，这就使得"因材施教"变得非常重要。不仅仅是教学内容，教学语言也应随教学对象的变化而变化。

（五）人际功能

人际功能是指语言被用作维持或改善人际关系的手段。人们为了维持或改善人际关系，会根据场合、身份的不同而采用不同的用语，包括礼仪用语、正式用语、非正式用语等。这样，一来可以获取别人的好感，二来可以彰显自己的身份地位。有权势的人在和地位低于他们的人交谈时，往往会用一种屈尊俯就的口气，而一些想讨好有权势者的人会曲意逢迎地和权势较高的人说话。这些现象在语言学家看来属于语言人际功能的过度运用。有时人们谈话只是单纯地出于维持交往、保持亲密的需要。

（六）表达功能

表达功能是指语言被用作表达主观感受的手段。它可以是简单的词语，也可以是短语或完整的句子。它是人们对事物做出的强烈的反应，就是人们对生活中喜怒哀乐等情感的表达。

语言的表达功能也可以指人们仔细推敲词句结构、韵律、语篇框架等，以达到传达内心情感的效果，如演讲词、散文等。这样，语言就具有了美学意义。

（七）标志功能

语言的标志功能来源于其区域性，不同的民族由于地理环境以及文化习俗等的不同使用的语言也有所不同，甚至同一民族的不同地区也可能使用不同的方言。人们的语言成了一种标志，人们可以通过一个人使用的语言来判断其所在的民族和地区。

（八）审美功能

人类不仅仅使用语言，还赋予了语言审美功能，这就是所谓的语言的美感。例如，"听歌""听歌曲""聆听歌曲""聆听歌"，这四种表达意思类似，句法也均无错误，但在实际表达中人们很少会使用"聆听歌"这一表达，因为它并不符合汉语表达的审美要求。

语言的审美功能还可以通过比喻、拟人、排比等修辞手法来实现，以美化语言，彰显语言的艺术美感。

三、语言的本质属性

（一）语言的自然属性

语言是一种符号系统，语义是其内核，语音是其物质外壳。

语义和语音之间的联系是任意的。语言符号可以切①分出清晰的单位，符号与符号之间可以组合，且符号间的组合是呈线性的。语言符号具有生成性，有限的符号通过有限的规则可以生成无限的句子，表达无限的意思。

（二）语言的社会属性

语言是一种交际工具，其第一职能就是交际，信息的传达和思想情感的表达离不开语言。

与其他交际工具相比，语言具有方便使用、容量大的特点。但语言也有其局限性，有时也难以很好地表达某些思想和情感。语言属于全民性的交际工具，一视同仁地为全体社会成员服务，不分年龄、性别、民族。

语言在社会中产生，并在社会中被广泛应用。它随着社会的发展变化而变化。每个社会都有自己的语言，生活在同一社会群体的人们也往往使用同一语言来交际。但由于社会群体的差异，在相对较大的社会群体中语言也可能会产生阶层变异或地域性差异，地域性变异就是所谓的地域方言，阶层变异就是所谓的社会方言。

从某种意义上来讲，语言是一个社会的折射，通过语言研究可以了解社会心态，可以观察社会现象。反过来讲，社会现象在语言系统中也会有所体现，

---

① 薛锦. 英汉语言对比分析和研究 [M]. 汕头：汕头大学出版社，2019：21.

社会现实对语言的表达会有一定的影响。

语言是全民用于社会交际的工具，它服务于不同民族、性别、年龄、文化程度、社会阶层的社会全体。

（三）语言的心理属性

语言是人类进行理性思维的重要工具，如果没有语言，人的理性思维就难以进行下去；但反过来，如果离开了理性思维，人的语言就会失去依靠，就会失去逻辑性。可以说，理性思维是语言存在并正常运行的基础，如果思维发生故障，那么语言能力也会随之受到巨大的影响。

四、语言的特征

（一）任意性

语言的任意性特点最初由瑞士语言学家索绪尔提出，长期的语言学发展实践证明了这一特点的科学性，现在这一特点已经被语言学界广泛接受。所谓任意性，指的是语言的符号形式与其所蕴含的意义之间的联系并非与生俱来。具体来说，语言的任意性是具有不同的层次的，主要包括语素音义关系的任意性、句法层面上的任意性、任意性和规约性。

1. 语素音义关系的任意性

提到拟声词，很多人可能并不认为其具有任意性。通常情况下，拟声词就是与描述的声音比较类似的词语，如汉语的"哗啦""淅淅沥沥""叽叽咕咕"等，单从表面上来看，这些词语的形式似乎是天然的。但是，通过比较英语中的拟声词，我们会发现事实并非如此，如狗的叫声在汉语中是"汪汪汪"，而英语中却是"wow wow wow"。所以，语言的任意性是普遍存在的。

2. 句法层面上的任意性

在美国功能语言学家和系统功能语言学家看来，语言在句法层面是具有非任意性的。句法，指的是根据特定的语法规则构建句子的方法。[①] 众所周知，句子中的各个成分都是在遵循一定规则的基础上排列的，且小句的顺序与事件的真实顺序之间是存在对应的联系的，也就是说，语词汇相比，句法的任意性要小得多，特别是在涉及事件的真实顺序的情况下。

---

① 王轶普. 多元环境下英语语音教学改革创新研究 ［M］. 长春：东北师范大学出版社，2019：62.

3. 任意性和规约性

通过深入分析，我们得出，语言的形式和意义之间存在一种约定俗成的关系。为了更好地说明任意性，我们有必要了解一下任意性的反面——规约性。通常，在学习外语时，我们会接触一些外语中的"习惯用法"，这些用法就是约定俗成的用法，虽然看起来有些并不是特别合理，但也不应该做任何的改动，这就体现了语言的规约性。任意性的存在增加了语言的创造力，而规约性的存在则增加了语言学习的难度。对于学习外语的人来说，规约性更应该引起注意，学习者往往需要花费更多的时间来记忆习惯用法。

（二）二层性

二层性是指语言拥有两层结构这种特征，上层结构的单位是由底层结构的元素组成，每层结构又有各自的构成原则。[①] 语音本身不传达意义，但是它们相互组合就构成了有意义的单位，如词语。底层单位是无意义的，而上层单位是有意义的，因此语音被视为底层单位，词被视为上层单位，二者是相对而言的。上层单位虽然有意义，却无法进一步分成更小的单位。

二层性只存在于人类语言系统中，动物交际系统就没有这种结构特征，所以动物的交际能力就受到非常大的限制。语言的二层性特征还使人们注意到语言的等级性。例如，当我们听一门完全不懂的外语时，流利的说话者像是在用持续的语流说话。其实，语言并不是不间断的。为了表达离散的意义，就要有离散的单位，所以要对一门新的语言解码，首先要找到那些单位。音节是最底层的单位，是由多个无意义的语音组成的片段。

语言的二层性是"有限手段无限使用"的具体体现，为人类交际提供了大量的资源。大量的词可以组合生成大量的句子，大量的句子又可以生成大量的语篇。因此，语言的二层性使语言具有了强大的生产性。

（三）创造性

所谓创造性，指的是语言的生产能力，这一特点源自语言的二层性和递归性。[②] 例如，与交通信号灯相比，语言要复杂得多，就是因为交通信号等只具备固定的意义，而语言则可以产生众多新的意义。在语言中，我们可以发现众多的例子来证明，当词语以一种全新的方式来表达时，便能够产生全新的意义，而且这种意义可以被人们轻而易举地理解。而通过观察其他动物，我们会

---

① 胡蝶. 跨文化交际下的英汉翻译研究［M］. 长春：东北师范大学出版社，2018：53.
② 管清霞. 语言［J］. 作文通讯，2019（C1）.

发现，无论是鸟、蜜蜂、蝴蝶，还是猫、狗、猴子，他们都只能用固定的交际符号来传递非常有限的意义。这说明，语言不仅仅是一个交际系统，而是一个具备创造性的交际系统，否则，其他动物的交际符号也就能够叫作语言了。这正体现了人类语言交际系统是具备创造性的。语言的创造力与其所具备的二层性存在一定的联系，通过对二层性这一特定的利用，说话者可以通过各种各样的方式将基本语言单位组成无限多的句子，也包括以前不存在的全新的句子。

此外，语言的创造性体现在它具备创造出无限长的句子的能力，语言的递推性为这种能力的存在提供了最好的证明。

（四）移位性

移位性是指语言使用者可以用语言来表达不在交际现场（时间和空间上）的物体、事件及概念。[①] 例如，人们可以就秦始皇的作为畅所欲言，尽管秦始皇是公元前二百多年的人物。同样，人们也可以谈论南极的气候，尽管南极遥不可及。也可以说"明天有暴雨"，而明天实际上还没有到来。这就是通常所说的语言的移位性，显然动物的"语言"不具备这一特性。白蚁在发现危险时会用头叩击洞壁，通知蚁群迅速逃离。蜜蜂在发现蜜源时会摆动自己的尾巴，并通过这种"舞蹈"向同伴报告蜜源的远近和方向。但这些都必须是发生在同一时间和空间的情况下。人类语言使得我们能够谈论不存在或还没有出现的事物。

从某种意义上说，语言的移位性赋予了人们概括和抽象的能力，这些能力使人们受益匪浅。总之，移位性能够使人类用抽象的概念来交谈和思考。

第二节 文化

一、文化的概念

关于文化的概念，不同的学者有着不同的观点。下面选取比较典型的观点对文化的概念进行论述。

---

① 封传兵. 语言 ［J］. 武陵学刊, 2018（2）.

（一）文化一词的来源

古汉语中的"文化"和现在的"文化"有着不同的含义。汉代的《说苑·指武》中第一次记载了该词，指出："文化不改，然后加诛。"① 这里的"文化"与"武功"相对，有文治教化的意义，表达的是一种治理社会的方法和主张。

我国《辞海》指出，广义的文化是指人类社会历史实践过程中所创造的物质财富以及精神财富的总和；狭义的文化是指社会的意识形态以及与之相适应的制度以及组织机构。②

culture 一词来源于拉丁文 cultura，是"耕种、居住、保护和崇拜"的意思。它曾经的意思是"犁"，指的是过程、动作，后来引申为培养人的技能、品质。然后到了 18 世纪，该词又进一步转义，表示"整个社会里知识发展的普遍状态""心灵的普遍状态和习惯"和"各种艺术的普遍状态"。

（二）近现代学者的见解

英国人类学家爱德华·泰勒（Edward BurnettTylor）对文化所下的定义可以算作是文化定义的起源，是一种经典性的定义，被学术界普遍接受和认同。19 世纪 70 年代，他出版了《原始文化》一书。他在该书中指出，从广泛的民族学意义来讲，文化是一个复合整体，包括了知识、信仰、艺术、道德、法律、习俗以及作为一个社会成员的人所习得的其他一切能力和习惯。③

萨姆瓦（Larry A. Samovar）等人是研究有关交际问题的学者，他们对文化下的定义概括起来就是：文化是经过前人的努力而积累、流传下来的知识、经验、信念、宗教以及物质财富等的总体。文化暗含在语言、交际行为和日常行为中。④

莫兰（Moran）认为文化是人类群体不断演变的生活方式，包含一套共有的生活实践体系，这一体系基于一套共有的世界观念，关系到一系列共有的文化产品，并置于特定的社会情境之中。⑤ 其中，文化产品是文化的物理层面，是由文化社群以及文化个体创造或采纳的文化实体；文化个体的所有文化实践行为都是在特定的文化社群中发生的；文化社群包括社会环境和群体。

---

① 《说苑·指武》.

② 严明. 跨文化交际理论研究 [M]. 哈尔滨：黑龙江大学出版社，2009：2.

③ [英] 泰勒. 原始文化 [M]. 蔡江浓，译. 杭州：浙江人民出版社，1988：37.

④ 闫文培. 全球化语境下的中西文化及语言对比 [M]. 北京：科学出版社，2007：26.

⑤ 顾嘉祖，陆升. 语言与文化 [M]. 上海：上海外语教育出版社，2002：134.

美国社会学家伊恩·罗伯逊（Ian Robertson）从社会学的角度对文化做了界定，他认为文化包括大家享有的物质的和非物质的全部人类社会产品。①

张岱年和程宜山指出，文化是人类在处理其与客观现实的关系时所采取的行为和思维方式及其所创造出来的一切成果，是活动方式与活动成果的辩证统一。②

金惠康指出，文化是生产方式、生活方式、价值观念以及社会准则等构成的复合体。③

总的来讲，文化可以分为广义和狭义两种类型，具体含义如下。

（1）广义的文化是人类从事物质生产活动和精神生产活动时所创造的一切成果。从这个意义上讲，文化实际是人类通过改造自然和社会而逐步实现自身价值观念的过程。

（2）狭义的文化是指精神创造活动及其结果。美国《哥伦比亚百科全书》指出，文化是在社会中习得的一整套价值观、信念和行为规则。

二、文化的特征

（一）可变性

文化的稳定性是相对的，而可变性却是绝对的。文化的可变性具有内在和外在两种原因。

文化可变性的内在原因：文化是为了满足人类生存需要而采取的手段，文化随着生存条件的变化而变化。在人类文化史中，因为科技的发展导致了人们思想和行为的变化，所以重大的发明和发现都推动着文化的变迁。

文化可变性的外在原因：文化传播或者文化碰撞可能使得文化内部要素发生"量"的变化，"量"的变化也可能促使"质"的变化。社会的发展，以及国家、民族之间在经济和政治方面的频繁沟通、交流，都使文化不断碰撞乃至发生变化。例如，佛教的进入导致了中国传统文化的变化；儒家思想等也导致了东南亚文化的变化。

物质形态的文化比精神形态的文化变化得更快、更多。例如，发生在衣、食、住、行等方面的变化要比信仰、价值观等方面的变化更加明显。随着改革开放的不断推进，人们的衣、食、住、行等"硬件"都发生了巨大的变化，

---

① 罗常培. 语言与文化 [M]. 北京：语文出版社，1989：34.
② 闫文培. 全球化语境下的中西文化及语言对比 [M]. 北京：科学出版社，2007：27.
③ 金惠康，跨文化交际翻译续编 [M]. 北京：中国对外翻译出版公司，2003：35.

但是"软件"方面的变化并不明显。文化定势决定了中国人对西方文化的接受度是非常有限的,"同国际接轨"的多数属于文化结构的表层,而深层文化的差异永远存在。

(二)符号性

文化是通过符号加以传授的知识,任何文化都是一种符号的象征,也是人们的思维和行为方式的象征。人类最明显的特征就是符号化的思维和行为,文化的创造过程也就是运用符号的过程,所以说人是一种"符号的动物"。在创造文化的过程中,人类将认识世界和理解事物的结果转化为外显有形的行为方式,因而这些行为方式就构成了文化符号,从而成为人们的生活法则。人们在生活中必然接受这些法则的规范和引导,世界是充满文化符号的。人们一方面不可能脱离文化的束缚,另一方面又在这种文化中展现人生的意义和价值。例如,在中国封建社会,服装的不同颜色代表着不同的地位等级,服装颜色成了特定身份的象征符号:帝王一般穿着明黄色的衣服,高级官员和贵族一般穿着朱红或紫色的衣服,中下层官员通常穿着青绿色的衣服,衙门差役常常穿着黑色的衣服,囚犯穿着赭色的衣服。然而,随着社会的发展,服装颜色的等级象征已不复存在,只是人们又给色彩和款式赋予了一定的审美意义。

文化和交际之所以具有同一性,就是因为文化的这种符号性特征。文化是"符号和意义的模式系统",交际被视为文化的编码、解码过程,语言被视为编码、解码的工具。在交际中,误解是常见的一种现象,要想尽力避免误解的产生而使交际顺利进行,就需要交际双方对同一符号具有一致或相近的解释。在交际过程中隐藏着一种潜在的危险,那就是差异,交际的顺利进行要求交际双方共享一套社会规范或行为准则。

(三)整体性

文化作为一个民族的核心部分,首先是一个有多层结构的有机整体。虽然文化的多样性导致对文化这个有机整体层次的划分的人们有不同的见解,但我们仍然可以从感知的角度将其进行一下规整,把这个有机整体粗略分为显性和隐性两大部分。其中,显性部分主要包括法律、条例、制度、准则及文化产品等有形或可见的因素;隐性部分主要包括思维模式、心理活动、价值观念、道德准则等抽象因素。虽然这些文化因素都会给不同语言的人的交流造成障碍,但与显性文化因素相比,隐性文化因素给人们之间的交流特别是中英之间的翻译造成的障碍更大,而且往往不易让人觉察,容易造成误译。

（四）区域性

文化具有鲜明的区域性，也可称之为民族性。远古时期，人类的农耕生活所孕育出的农耕文明具有封闭性、自给自足等特点，再加上交通极不便利，人们的出行也不方便，因此各个民族在其发展的初期与周围其他民族的交往相对较少，形成了独具特色的民族文化。例如，中国传统文化中的"攻""兼爱""仁政"等概念，在西方文化里是找不到相同或相似的表达方式的。同样，在英语中的 individualism，collectivism 等与汉语的"个人主义""集体主义"字面上相同但深究其实质的话却相去甚远。因此，在学习语言的同时不能不考虑文化背后所隐含的民族特色。

（五）民族的选择性

文化植根于人类社会，而人类社会以聚居集中的民族为区分单位，因此文化也是植根于民族的机体。文化的疆界一般和民族的疆界一致，民族不仅具有体貌特征，还具有文化特征。例如，同为上古文明，古希腊、古印度、古埃及和古代中国的文化各有独特性；同为当代发达国家，日本和美国、欧洲就存在着文化差异。当一个社会容纳着众多民族时，不可能保持文化的完全一致，其中必定包括一些互有差异的亚文化，使得大传统下各具特色的小传统得以形成。于是在民族文化的大范围内，多种区域性文化常常同时并存。

因此，文化具有选择性。每一种特定文化只会选择对自己文化有意义的规则，所以人们所遵循的行为规则是有限的。文化的这一特点导致了群体或民族中心主义，因此它对跨文化交际来说十分重要。群体或民族中心主义是人类在交际过程中的普遍现象，人们会无意识地以自己的文化作为解释和评价别人行为的标准，显然，群体或民族中心主义会导致交际失误，达到一定程度时会带来文化冲突。

（六）可习得性

可习得性是文化的另一个重要特征。按照美国语言学家乔姆斯基的理论来说，人们学习语言的能力是天生就具备的，但语言的习得却必须通过人们后天的学习才可以使语言的能力得到充分的发挥。其实，文化的习得与语言的习得并无异样，二者都必须由主体发挥自身的能动性才能够实现，而且在母语学习环境中文化的习得与语言的习得会表现出明显的同步性。所以，如果只生活在一种语言文化之中，缺少文化感染的大背景，人们几乎是意识不到文化的存在的。如同我们每天生活在空气中，呼吸到空气却很难感知到空气的存在一样。

因为人们常常是在母语文化环境和氛围中学习外语的，所以外语的学习也需要考虑到这个因素。如果只是单纯、机械地吸收课本上的知识，却没有深刻地理解和感知文字背后所隐藏的文化与自己的母语文化是否相得益彰、搭配合理，那么语言的学习与文化的学习便极有可能脱节，即外语语言的学习不是以外语文化而是以母语文化为基础。这种外语语言的习得方法与母语文化的融合不但会使原来的表达含义扭曲，还会造成对外语语言及其背后的文化无意识的错误判断。

三、文化的属性

（一）历史属性

不同的时代有着不同的文化，这是因为任何文化都是在历史发展演变的过程中产生并逐渐累积起来的精神成果。换句话说，不同时代产生的自然文化、人文文化和科学文化构成人类文化的生态结构。

文化的历史属性还在于它动态地反映了人类社会生活和价值观念的变化过程。并且文化发展的基本趋势是随着历史的前进而不断进步的，但偶尔也会在某个历史阶段上出现文化"倒退"的现象。

（二）民族属性

任何一种文化都与本民族的生产、生活关系密切。同时由于不同民族的发展历程、生产和生活方式、生活环境和生活态度的差异性而衍生出民族文化的独特之处。具体而言，文化的民族属性主要体现在物产的民族化、习俗的民族化以及观念的民族化。

（1）物产的民族化往往受制于其所处的地理位置、气候等客观环境。例如，具有中国特色的"茶"根据其产地命名的"普洱茶""高山云雾茶"，等，这些在西方文化中往往找不到完全对应的表达。

（2）习俗的民族化是指由于不同民族受到各自发展历程的影响，而形成独具其民族特色的习俗。例如，西方社会婚庆的颜色为白色，丧色为黑色，而汉族丧葬习俗中丧色为白色。

（3）观念的民族化。思想观念属于意识形态的范畴，它往往是由社会教育如家庭教育、学校教育等逐步形成的人生观和价值观。例如，西方人看重"功利"的观念，而中国人则很看重"面子"，这些都具有很强的民族观念。

（三）地域属性

文化的地域属性是指由于不同民族所生活地域上地理环境的差异，与之相关的气候、地形、生物以及生产、生活方式、社会结构、风俗习惯等自然、社会背景也会有所不同。

此外，文化的这三种属性还有一个共同点，都常常导致跨文化交际中文化缺位的现象，从而给英汉文化对比翻译带来困难。

四、文化的功能

（一）社会性功能

社会性功能主要满足的是人与人以及人与社会之间的各种需求，文化的社会性功能可以分为以下几个方面。

1. 教化功能

文化的教化功能主要体现在文化对于人的影响上。不同文化下成长的人们具有截然不同的性格特征和价值观以及为人处世的标准等。中国人受到中华文化的熏陶，形成典型的华夏人的性格特点。西方人在西方文化的影响下，形成了完全不同的特征。每一个人都会受到本民族文化的熏陶，进而形成具有本民族性格特征的人。中国文化提倡人们应该善良、本分、老实厚道。而西方人则培养公民的守法意识为基本准则。由此可以看出，中国注重道德建设，而西方则注重法制建设。这在人们生活中也有明显的体现，即中国人还钱是处于良心和道德观念，而西方人归还所借的钱是担心惹上官司。这就是文化的教化功能的具体体现。

2. 规范功能

具有规范作用的文化主要指的是维护社会治安以及人与人之间关系的伦理制度、政治制度、婚姻制度以及亲属制度等。[①] 社会的不断发展也带来了同样多的社会问题，随着生产力水平的提高，社会也变得很复杂，因此也就更加需要一些法律制度。相应的法律制度、政治制度等的出台可以有效保证社会公正，每个人都希望行政以及执法公正，使人们实现共同发展。鉴于此，文化的规范作用对社会的发展具有重要影响。

---

① 罗常培. 语言与文化［M］. 长春：吉林出版集团股份有限公司，2017：60.

（二）心理性功能

心理性功能指的是文化满足心理需求的能力。心理需求主要指尊重、抚慰等，因为人类具有心理性需求随之也产生了很多相关的宗教、神话、艺术、伦理以及道德、理想等不同的精神文化。这些精神文化可以陶冶人的心性，还可以养神。①

人的心理需求还有很多，如艺术的需求、尊重的需求、认知的需求、自我实现的需求、信仰的需求等，文化的心理性功能可以很好地满足这种心理需求。

（三）生理性功能

人的生理性需求也就是生存需要或基本要求，与人类的衣、食、住、行具有密切的关系。人的需求主要可以分为基本需求、派生需求和综合需求三种。

其中生理性需求是人的最基本的需求，满足生理性需求的文化大多属于物质文化。社会生产力水平的不断提高使得人们的生理性需求越来也高，人们开始追求更高层次的物质享受。

第三节　语言与文化的关系辨析

一、语言对于文化

（一）语言是记录文化的符号系统

从本质上而言，语言本身就是一种比较特殊的文化现象。在文化中，其实有很多文化现象其实它反映的文化是有一定的局限性，如我们只能从各地的饮食文化中了解其饮食的发展历史及进程，还有我们只能从不同家庭的家庭文化中了解各个家庭的生活状况、家庭相处模式等。而语言则和文化是不同的，语言不仅能够反映和体现语言本身的特色，语言还能广泛记录各种不同的文化现象。因此，语言是记录文化的符号系统。

语言之所以能够记录文化是因为语言记录了丰富的内容，不同时期的言语

---

① 罗常培. 语言与文化 [M]. 北京：北京出版社，2004：53.

作品，不同的文字记录不同的文化现象。要想深入挖掘语言系统的功能，人们还要不断积累和掌握丰富的语言学知识。

众所周知，在人类社会中，人们使用的最主要的交际方式就是语言，人类社会不断发展与进步，因此，人们就采用语言的方式来保存和记录人类的文明和发展成果，并最终通过语言来不断传承和发扬人类的文明成果。也就是说，语言是记录文化的符号系统。例如，在欧洲的历史上，人们曾经把牲畜作为商品交换的主要方式，因此，英语单词"fee"等很多和钱有密切关系的单词，其在词源上都是和牲畜有较大联系的；又如，我国古代人曾经用贝壳作为货币使用。因此，在汉语中有很多和财货相关的汉字都是含有"贝"字的，如"财、货、贸、赚"等。

通常狭义的语言更加能够记录不同地区的文化，其中我们研究比较多的就是象形文字等。这些狭义的语言以及文字随着历史的发展一直都在变化发展，因此，我们通过分析狭义的语言，如象形文字的变化就能比较完整地再现古代的文化变迁。同时，语言中的语音、语法等构成因素也能比较间接地记录文化发展。

语言是记录文化的符号系统，因此，现代人可以通过分析某个地域独特的语言来研究其文化。历史上，也有很多的文化现象没有被相应的言语作品记录流传，这时我们可以通过分析其语言的特征以及变化来分析其文化现象。例如，在我国古代的甲骨文中，已经出现了"牢、宰"等字，通过分析字形可以看到，这些字主要描画的和古代人生活息息相关的牛圈、羊圈等地，这说明我国在殷商时期就已经大力发展畜牧业并发展到一定的程度。总而言之，语言可以记录文化，当我们研究古代的文化时，一定要认真分析和研究古代的语言，从中获得一定的启示。

(二) 语言是文化的载体

语言对文化的影响巨大。思维是建立在文化的基础之上的，而思维又是以语言为唯一载体，所以语言不仅体现着文化，也极大地影响着文化。在思维的前提下，人类才会培养出自己的世界观、人生观和价值观等一系列文化要素。而且，语言对人类思维的质量也有一定影响，从而影响文化的发展。语言记录并传播着文化。语言让文化在同代人以及不同代人之间传承。

文化的载体具有多样性，而且文化与载体之间是相互渗透、相互依存的。语言作为文化最重要的一种载体，它能起到长久保存文化知识的作用。语言见证并记载着文化的演变，是调查民族文化的宝贵途径。语言研究可以使人们了解思想观念的继承、意识形态的演变以及思维模式的延续。有了语言的产生和发展，才有了文化的产生和传承。没有语言的文化，或者没有文化的语言，都是不可能存在的。同时，文化又时刻影响着语言，使语言为了适应文化的发展而不断精确化。语言承载着文化，文化蕴含着丰富的语言要素。除了语言以外，文学、艺术、建筑等都是文化的载体。语言之所以是文化最重要的载体，主要有以下几种原因。

（1）语言反映了语言运用者的知识文化。人类借助文字将各民族的知识文化记载下来，传于后世。

（2）语言反映了语言运用者所处社会的生产力水平和生产关系。

（3）语言反映了语言运用者的生活方式和行为准则。

（4）语言是人类思维的载体。语言是人类自身的一个组成部分，它浸润于人类的思维及观察世界的方式之中。

（5）语言反映了语言运用者的思维模式和思维内容。

（6）语言反映了语言运用者的情绪模式和情感指向。

（三）语言是文化的模具

语言是文化的载体，因此也是镜子；语言的变化与发展要受文化的制约。语言同时也是文化的模具。语言反过来要作文化的管轨，对文化产生影响，像模具管轨一样规约文化。汉语中有一整套谦辞和敬辞，一系列的亲属称谓词以及许多成型的表达法，用以显示出人的社会地位的高低、富贵与贫贱的差别、家族中的长幼有序、男女有别等等。这一套套的词汇与表达法就像一个个模具，规约着人们的交际模式和行为准则，而且对中国文化的发展产生了深远的影响。

思维是精神文化的重要组成部分。在思维与语言的关系方面，有许多事实证明，语言不仅受思维制约，而且反过来可以制约思维。语言可以制约或影响思维就是语言对文化能起模具作用的明显表现。萨丕尔（Sapir）和沃尔夫（Wolff）在他们对印第安人的语言与文化的调查中强烈感受到，由于印第安语有别于印欧语言，因而他们具有不同于英美人的思维方式。萨丕尔认为语言是社会现实的指南……它强有力地规定人们解决问题的思维及过程。人们不仅仅生活在一个客观世界之中，也不仅仅生活在一个通常想象之中的社会活动的世界之中，而是要受到社会的表达工具语言的任意摆布。沃尔夫说，一个人的思想形式是受他没有意识到的语言形式的那些不可抗拒的规律支配的。萨丕尔和沃尔夫的思想被称为萨丕尔-沃尔夫假说，该假说以前曾遭到批判，现在越来越多的人认识到其中的合理部分。其合理部分就是语言可以对思维产生影响，可以成为思维的模具。①

本书认为，人类在进化过程中先有思维后有语言。所以说，决定人类思维的首先应是客观现实，而不是语言，或者说人的思维所反映的不是什么语言世界，而是客观现实世界。但是当人类的思维进入有语言阶段后，也就是思维主要由语言来表达时，某个特定的民族在其特定的社会文化背景下，思维的过程就会被某种特定的语言凝化，从而形成一定的模式，而这些凝化了的语言模式就会对思维的进一步发展产生强大的影响。它们会反过来像模具似的凝化思维模式。

自然界和人类生活中的对偶排比、平衡对称规律对所有民族来说是共同的。在他们认识这些客观现实的过程中也都形成了这样一种相同的思维方式。因此在语言表达中也都会有这样一种相通的结构。英语中的 antithesis 就是这样一种对偶排比的方式。

后来产生了文字，这时人类的思维可以用口头语言表达出来，而且还可以用文字记载下来与别人交流或传给后代。文字的结构形式和发展变化有它自身的特点和规律。这些特点和规律也会对语言的发展和变化产生影响，汉语单音节词和双音节词占优的特点，用文字记载时就产生了一字一音的方块字，而且形、声、义三位一体。一个方块字一个音节，每个音节有四个声调，形成平仄。方块字写起来不管笔画多少，所占位置一样。这样一种写出来整齐美观，讲起来平仄有序的语言文字是表达对偶排比的最好工具。

总之，人类在认识世界时。便会对客观事物进行分类和整理，这种分类和整理的过程就是文化构建的过程，当过程及其结果用语言来表达、记录和传承时就构成了某种模式。当这些模式强制地传给后代时，就把前人观察、分析世界的角度和方式，即思维模式传了后代，让他们按照这样的模式再去探索和认识新事物，这就起到了一种隐形的却又是顽强且无可替代的向导作用，这种向导作用就是我们所说的语言表达式对思维、对文化的模具作用。

（四）语言是文化的风向标

语言在一定程度上引导着文化。因为语言可以引导人们去了解某种文化认识外部世界的方式，而且不同的文化由于面对不同的客观现实，会创造出不同的语言。人类的语言与文化身份之间并不是一一对应的，但语言却敏锐地反映着个人与特定社会之间的关系。在不同的历史时期，语言质量表现出不同的状态；即使在同一历史时期的不同群体之间，语言质量也是有差别的。早期人类

---

① 李佐文，郑朝红. 语言与文化 [M]. 保定：河北大学出版社，2005：124.

的语言显然不如现代人的语言那么严密、丰富；生存于偏远地区的土著人的语言。就远不如多数现代人的语言那么有内涵和底蕴。语言在理解彼此、理解文化方面，起着不可忽视和替代的作用。要想了解一种语言，就必须了解语言背后隐藏的文化。语言差异引起人们感知外部世界的方式以及结果的差异。所以，学习语言与了解文化两者间是相辅相成的关系。

（五）语言可以促进文化的发展

文化是语言发展的重要动力，语言的丰富和发达又是文化发展的前提。如果没有语言记载人类祖先的智慧和经验，后代人一切都要从头做起，社会就难以发展，更不用说文化的丰富了。如果没有语言，各民族间将无法交流。人类也将无法获得先进的知识和经验，从而制约社会与文化的发展与进步。

二、文化对于语言

语言对思维有着不可忽视的影响，因此语言也就必然影响着文化，反过来，文化也深深地影响着语言。语言与文化充分地体现了民族的心理过程、推理过程以及思考问题的过程。

社会不断发展变化，与过去的十年、五十年甚至几百年相比，今天的世界是一个全新的不同世界。与此相对应，语言也发生了翻天覆地的变化。这种变化不仅仅表现在表达方式方面，也表现在各个领域所产生的海量新词汇上。所有这些都表明，丰富多彩的文化势必孵化出丰富多彩的语言。

语言只是思维的载体，无法决定人们的思维。文化才是决定人类思维内容、模式和动机的关键因素。人们自从出生后就浸润在特定的文化中，形成特定的思维模式和价值观。并自觉地遵守相应的行为规范。因此，文化正是由于自身的熏陶力量，使人们形成特定文化认可的行为方式，从而与他人和睦相处，进而维持社会的稳定秩序。另外，文化也起到娱乐的作用。人们会享受到文化赋予的乐趣，如传统节日不仅可以增加人们有关文化传统方面的知识，还是带给人们乐趣。

第二章　英汉语言对比

由于英语和汉语所成长的语言环境不同，所以在各个方面都具有很大的差异。英汉两种语言的差异主要表现在词汇、句子、语篇等诸多方面，另外在语言运用如网络语言方面也存在较大的差异，本章对这些差异进行分析。

第一节　英汉语言综合特点对比

一、语系不同，汉语属汉藏语系，英语属印欧语系

语言的谱系分类。是指语言按亲属关系分类。一个统一的社会集体可以由于政治和经济原因而分化成几个独立的社会集体，如果联系不密切或中断，它们的语言也跟着分化；几个社会集团因某种原因结合在一起，其语言也便逐渐融合力一种语言。① 语系包括许多语族，语族又分为语支，一个语支起码含两种具体的语言。世界上共有下述十大语系：

1. 汉藏语系汉语，黎语、苗语、瑶语、藏语、彝语、景颇语等。
2. 印欧语系英语，俄语，德语，法语、西班牙语，荷兰语、意大利语、茨冈（吉卜赛）语、葡萄牙语、罗马尼亚语、希腊语、波兰语、印地语等。
3. 乌戈尔语系芬兰语、匈牙利语、牙纳桑语等。
4. 阿尔泰语系土耳其语、哈萨克语、维吾尔语、乌孜别克语、蒙古语等。
5. 闪—含语系巴比伦语、古希伯来语、阿拉伯语、古埃及语等。
6. 伊比利亚—高加索语系格鲁吉亚语、巴斯克语，拉克语等。
7. 达罗毗荼语系塔密尔语、卡那拉语、铁鲁古语等。

---

① 蒋樱. 从英汉语言特点看英汉主语的翻译［J］. 科技信息，2008（28）.

8. 马来—波利尼西亚语系马来语、爪哇语，高山语、毛利语、夏威夷语等。

9. 南亚语系高棉语、孟语、布朗语等。

10. 非洲和美洲语系苏丹，班图，布施曼等语族。

据联合国 1930 年统计，全世界共有大小民族二万多个，使用着二千七百九十五种语言。有的语言只有几百甚至几十人使用，美洲印第安人就有一千种以上语言，苏联有一百三十多种。本族使用人数超过五千万及上亿人口的语言仅十三种：汉、英、西班牙、俄、法、阿拉伯，印度斯坦、德、日、孟加拉、葡萄牙、印度尼西亚，意大利语。

二、历史发展差异

汉语历史较英语长，但英语是欧洲语言中变迁最大的，词汇成分非常复杂（它以盎格鲁撒克逊语为基础并吸收了大量的丹麦语、法语、拉丁语、德语及其他外来语）。[①]

三、词法区别

1. 词态学汉语是分析型的，没有词形变化。英语是准分析型的，有一定词形变化，它正逐渐向分析型发展。

2. 词类二者词类大致相同，但量词（个、种、根，座、枝、套……）和语气词（罢、了、吗、呢、啊……）为汉语所特有；冠词（the，a，an）和引导词（it，there）为英语所特有。英语新词构造主要有转化法、合成法和词缀法三种，而汉语中则主要采用合成法，如激光、微处理器等等。

3. 词义英语中词类转化，一词兼用现象较多，且将继续发展，这与汉语有些相似。汉语存在四声问题，一音多字，一字多音的问题远比英语突出。

4. 其他汉语词序固定，拉丁语词序自由，英语介乎两者之间；汉语采用表意（象形）文字，英语采用拼音文字。

四、句法区别

1. 汉语可以有无人称词，也可省表语动词，英语中动词之前必须有主语。

2. 英语中被动态使用广泛，汉语则用得较少。

3. 对于复合句，汉语多采用意合法，不用连词或少用连词，各句子成分

---

① 张子睿. 英汉语言表达方式对比分析 [J]. 汉字文化，2018（S1）.

用逻辑意义贯穿起来，其结构方式灵活，富有弹性，语句简洁，凝练。英语多半是形合法，一般要用连词，因而结构严谨，但刻板，缺少弹性。

第二节　英汉词汇对比

一、英汉词汇的形态上的对比

从词汇的形态上来看，英语是一种综合性的语言，与之相反的是，汉语是一种孤立性的语言。英语的词汇可以通过改变词形得到新的含义，但是，汉语中的一个词就只有一个语素。在这里，我们主要从两个方面对英语和汉语的词汇的形态上的差别进行论述。①

（一）英汉的构词上的差异

1. 加缀法

所谓的加缀法，指的是在一个词语上加上一个词缀，这样就可以形成一个新的词语的一种方法。英语中添加的既可以是前缀，也可以是后缀，还可以是前缀和后缀都有。如果添加词缀以后已经形成一个新词，还可以在这个新词的基础上再添加词缀，构成另一个词。同一个词和不一样的词缀相结合，就可以组成不一样的新词。

虽然说汉语也可以通过加缀法形成新的词语，然而，汉语中的词缀是非常少的，再受到汉语加缀的位置并不是固定不变的影响，故而，汉语的加缀构词能力并不是很强。另外，汉语并不能在同一个词根上多次加缀，因此，汉语的加缀构词量并不是非常大。通常来说，汉语是通过加缀形成线性的新词语的。即便是词根加上了词缀，其对原词根并没有什么大的影响。

2. 缩略法

英语中使用缩略法构成的词通常主要有两种，一种是缩短词，一种是首字母的缩略词。所谓的缩短词指的是，把一个词的某一部分去掉，只保留其形式和发音比较简单的部分，即便是这样，最终词的含义和性质一般并没有发生变化。所谓的首字母的缩略词指的是，把一个词组的每个单词的首字母拿出来，连起来就可以组成一个新的词语。英语中的使用缩略法形成的新词的含义并没

---

① 高蕾. 多维视角下的英汉词汇对比研究［J］. 吉林省教育学院学报（下旬），2012，28（02）.

有改变。

汉语中也有一些缩略法构词的方式。一种是把一些比较复杂的词语缩略成一个简单的词语。还有一种是使用数字把一些特殊的词汇概括出来形成一个新的词语。

3. 复合法

所谓的复合法指的是，至少两个的词语按照一定的顺序排列组成一个新的词语。一般来说，英语中的复合词的后面的单词对整个单词的词性具有决定作用。还有一些复合词是比较复杂的，需要至少三个单词按照原来的顺序进行排列。

汉语中的复合词的构词的顺序受到两个因素的影响。一个是句法的结构关系，一个是逻辑的因果关系。

即便是英语和汉语的复合词的语法关系是差不多的，但是，还是有所不同的。汉语的复合词是按照语法顺序组成的；英语的复合词既可以按照顺线，也可以按照逆线的顺序组词。

(二) 英汉的词类标记上的比较

1. 英语的词类标记

英语中的很多词语的词尾都展现了这个词的性质。其名词不只是可以看后缀，还可以根据冠词和介词进行判断。假如一个单词的前面有冠词，那么这个单词就是名词；假如一个单词的前面是介词，那么这个单词也是名词。我们可以根据词缀和冠、介词对英语单词的性质进行判断，这一点对于我们学习应用是非常有帮助的。

2. 汉语的词类标记

汉语的实词在形态上并没有明显的标记。汉语的词的分类是按照词语的意义和功能进行划分的。汉语中对词类进行标记的后缀是非常少的，比如说，对副词进行标记的是"地"，对形容词进行标记的是"的"；对名词进行标记的是"儿"等。除了这些之外，其他的基本上也就没有了。一些学者认为，汉语中词语的分类不只是要看其意义，还要看其功能。详细地说来，先根据词语的意义进行分类，然后再对其在句子中的作用进行分析。

总的来说，英语的词类的划分是比较稳定的，具有比较显著的标志，但是，汉语的词类的划分并没有明显的标志，主要是根据其意义进行划分的，功能上并不能完全对等。

二、英汉词汇的意义上的对比

(一) 英语词汇的意义上的表达

英语中的词汇的意义并不是固定不变的，具有很强的灵活性，主要是看上下文的语境。比如说，英语中的 parent 既可以是对母亲的称呼，也可以是对父亲的称呼。英语中的同一个单词好几种意义的情况是很多的。[①]

英语中一个词语很多种含义的各个含义之间的关系主要有三种：

1. 原始意义和引申意义

所谓的词语的原始意义指的是根据词语的来源进行探究的这个词语的第一个含义。如果不是原始意义，那么，其他的就都是引申意义了。原始意义和引申意义之间具有非常紧密的关系。

2. 普遍意义和特殊意义

很多英语词语的含义并不是一成不变的，历史不断发展，其含义也在发展，有的词语的含义扩大了，有的词语的含义缩小了，有的词语即可以表示某一类事物，也可以表示某一个事物。

3. 抽象意义和具体意义

英语的词语的含义还分为具体的和抽象的，出现这样的分类也是因为词语的含义的范围发生了变化。当然，在英语中，抽象性的词语可以对具体的一些事物进行表示。

(二) 汉语词汇的意义上的表达

汉语中的词汇的意义非常明确。为什么出现这样的情况呢？汉语的单个的字可以和其他很多词语进行搭配，还可以产生很多新的意义。比如说，"生"的基本含义是和人的一辈子相关联的概念，比如说生命；其还可以表示不成熟，比如说生肉；还可以表示学习的人员，比如说学生。[②] 除了这些以外，其还具有一些延伸性的意义和扩展性的意义，比如说生动等。不只是这些，还可以同一个词语表示不同的含义。即便是汉语的构词的方式是比较自由的，但是其意义必须非常谨慎。

---

① 潘文一，雷婧江. 英汉词汇对比 [J]. 才智，2012 (34).
② 王淑芳. 英汉词汇对比看中西文化差异 [J]. 黑龙江教育学院学报，2007 (09).

三、英汉词语在搭配上的对比

(一) 英汉词语搭配的相同点

1. 语义偶合

因为人类生活的世界是同一个，而且自然条件和思想感情也差不多是一样的，所以，英语和汉语中的词语的搭配就可能会出现语义偶合的情况。

2. 搭配能力既有强的，也有弱的

不论是英语还是汉语，其词语的搭配能力都是有的较强，有的较弱。比如说，英语中的单词 cut 的搭配范围就非常广泛，但是在汉语中，就需要使用不同的词语来搭配。相同地，汉语中的一些词语的搭配能力比英语的搭配能力强很多。[①]

3. 约定俗成的搭配

不论是英语中，还是汉语中，其都有一些固定的搭配，这是人们长时间的社会实践所形成的文化习俗，比如说成语典故等。

(二) 英汉词语搭配的不同之处

相比较而言，汉语的词语搭配比英语要灵活许多。究其原因，主要在汉语中的概括类词语非常丰富，而英语中则要少得多。举例来说，汉语中关于"笔"的表达方式非常多，在"笔"的前面加上不同的表示特征的词就构成了不同笔，如钢笔、粉笔、铅笔、毛笔、水彩笔都是这样构成的；但是，在英语中，每一种笔都有一个固定的、独立的表达方法，而不是像汉语中那样通过词语组合来构词。此外，汉语中的很多形容词的应用范围也比英语宽泛很多。以汉语中"假"这个字为例，下面对英汉语言中的词语搭配进行对比分析。

假货　fake products

假币　counterfeit money

假牙　artifical tooth

从以上几个例子中我们可以看出，汉语中的"假"字可以与很多名词进行搭配，构成新的意义，但是英语在表示"假"的意义时，往往需要使用不同的形容词。

---

① 杨蕙. 英汉词汇对比在翻译中的应用 [J]. 贵州民族学院学报（哲学社会科学版），2009 (01).

第三节 英汉句子对比

一、句子重心位置比较

句子重心是用以传达新信息主要信息的语言成分。一般情况下，英语句子和汉语句子的重心都落在结果、结论、事实或假设上，但是由于英汉两个民族的思维方式存在差异，因此英汉两种语言中句子重心的位置就存在着差异。①

（一）英语句子的重心位置

一般说来英语民族思维方式是直线型的，他们喜欢开门见山地直接表达其思想、感情态度和意见等。因此，英语句子多为前重心，即将主要信息置于前面。具体而言，在叙事时，通常先叙述事件本身，再对事件背景进行说明，先叙述最近发生的事，再对先前发生的事进行叙述；在句中同时有叙事部分和表态部分时，表态部分往往被视作重要信息，置于叙事部分之前；在表达逻辑思维时，一般是将判断或结论置于前面，前提条件或事实等置于后面。

（二）汉语句子的重心位置

与英语相反，汉民族传统思维方式是螺旋型的，这一特点折射在组句模式上，就表现为后重心，即句子按照时间顺序和逻辑顺序展开，将主要信息置于句尾。具体来说，在叙事时，通常先说明事件背景，再对事件本身进行叙述；先对先前发生的事进行叙述，再叙述最近发生的事；在句中同时有叙事部分和表态部分时，叙事部分通常被视为主要信息，置于表态部分之前；在表达逻辑思维时，一般是将前提、条件或事实置于前面，判断或结论等置于后面。②

以上了解了英汉句子重心位置的不同，下面通过实例进行说明。

It's good you're so considerate.

你这样体贴入微，真的很棒！

上述英文原句中，表态部分 It's good 置于叙事部分 you're so considerate 之

---

① 刘晓春. 英汉句子对比与翻译实践 [J]. 内蒙古农业大学学报（社会科学版），2010，12（05）.

② 秦裕祥. 英汉语句子内部关系对比研究 [J]. 外语与外语教学，2003（07）.

前，而其对应汉语译文中，叙事部分"你这样体贴入微"则置于表态部分
"真的很棒"之前。

He had to stay in bed because he was ill.

他生病了，所以不得不卧床休息。

上述英文原句中先对结果 He had to stay in bed 进行说明，后对原因 he was
ill 加以叙述。而对应汉语译文却与之相反，先叙述原因后说明结果。

需要强调的是，英语句子和汉语句子重心位置的差别并不是绝对的。在某
些特殊语境下，或出于某些语用需要，句子重心位置也可能发生改变或迁移。
例如：

Only if you study hard can you pass the exam.

从表面来看，这个英语句子中表示条件的部分被放在了前面，而原本应该
前置的意义重心，即结论部分却被置于句尾。但是，从语用角度来说，此句强
调的主要信息是前半句这一前提 if you study hard，因此我们依然可以将此句看
作是前重心，只是焦点信息发生了改变。

二、主语显著与主题显著

(一) 英语的主语显著

英语是主语显著语言，其核心句型是主语+谓语构成的框架。

主语在英语句子中十分重要，可以说是一句之魂，这与其特点和功能有很
大的关系。英语中的主语具有以下特点和功能。①

(1) 主语是谓语描述的对象，位于句首。

(2) 主语必须是名词性的。若其他词类作主语，则需通过构词变化，转
化成名词。

(3) 主语对动词的数以及谓语动词其他形态的变化起决定作用。

(4) 英语的陈述句和疑问句都必须有主语，即便在讲不出行为者时也要
用一个形式主语 it。

(5) 英语主语具有物称倾向的特点，物称倾向也可称为"非人称主语"。
非人称主语可以分为以下两类。

第一类是指英语句子的主语由抽象概念、内心感觉、事物名称或时间地点
的名词来充当。例如：

Mary had to change schools when busy work schedule my made it necessary for

---

① 袁在成. 论英汉句子的结构差异 [J]. 湖南科技学院学报，2017，38 (11).

me to move houses.

当我内工作繁忙而必须搬家时玛丽不得不转学。

第二类是使用计作为先行词来代指实际的主语或宾语。

例如：

However is gently accepted among psychologists that most of us fail to do justic to ourselves.

然而，心理学家普遍认为绝大多数人都没有充分发挥自己的潜力。

由上述两个例句可以看出，英语原文使用的是非人称主语，或是抽象名词，或是 it，而转换为汉语后则使用的完全是人称主语。可见，在主语的选择方面，英语强调物称，汉语注重人称。

（二）汉语的主题显著

汉语是主题显著语言。主题显著是指由"话题+评论"所构成的句式。汉语在表达思想时，通常要突出主题，在篇章组织上比较自由，上下文连接自成体系。我国汉语中有近50%的句子使用主题—述题结构，而英语中的主谓结构则十分常见。如果说主语与谓语是英语句子结构的两个栋梁，使构架稳定；那么话题与评论则是汉语句子结构的两个栋梁，这也是主题突显的语言的特点。例如：

电视我喜欢看纪录片，电影我喜欢看故事片。

上句中的"电视"是点出话题，后面的"我喜欢看纪录片"是对"话题"的陈述。这就是所谓的"话题句"，由"话题"和"说明"两部分组成。再如：

这件事我现在脑子里一点印象都没有。水果我最喜欢芒果。

台上坐着主席团。

这三个例子中的"这件事""水果""台上"分别是句子的话题，而"我现在脑子里一点印象都没有""我最喜欢芒果""坐着主席团"则是对话题所做的具体说明。

第四节 英汉语篇对比

一、英汉语篇衔接手段对比

语篇是由句子构成的，但不是句子杂乱无章的堆砌，而需要通过一定的衔接手段，使各成分构成逻辑关系才能形成有意义的语篇。语篇衔接大致可分为语法衔接和词汇衔接两类。[①] 语法衔接手段包括照应（reference）、省略（ellipsis）、替代（substitution）和连接（conjunction）；词汇手段则包括词汇重述（reiteration）、同义词（synonymy）、上义词（super ordinate）和搭配（collocation）等。[②] 在词汇衔接方面，英汉语篇有着很多相似之处，但在语法衔接方面却有着明显的差异。因此，这里重点对英汉语篇的语法衔接手段进行对比分析。

（一）照应

照应指用代词等语法手段来指称说话或行文中谈论、说明的对象，从而把语篇有机衔接起来，实现语篇意义的连贯。[③] 由此可以看出，照应是一种语义关系。例如：

Readers look for the topics of sentence to tell them what a whole passages is "about", if they feel that its sequence of topics focuses on a limited set of related topic, then they will feel they are moving through that passage from cumulatively coherent point of view.

例子中代词 they 所代表的含义是由它的所指对象决定的。所以，要对其进行解释，就要从上下文中寻找与其照应的词语。分析上下文关系可以得出，they 和 readers 形成照应关系。

在汉语语篇中，照应关系也十分常见。例如：

她不是鲁镇人。有一年的冬初，四叔家里要换个女工，做中人的卫老婆子带她进来了，头上扎着白头绳，乌裙，蓝夹袄，月白背心，年纪大约二十六

① 王晓滨. 英汉语篇语法衔接文化手段对比及其翻译策略 [J]. 边疆经济与文化，2018 (05).
② 杨丰宁. 英汉语言比较与翻译 [M]. 天津：天津大学出版，2006：179.
③ 冒国安. 实用英汉对比教程 [M]. 重庆：重庆大学出版，2004：182.

七. 脸色青黄，但两颊却还是红的。卫老婆子叫她祥林嫂，说是自己母家的邻舍，死了当家人，所以出来做工了。

（鲁迅《祝福》）

例子中的三个"她"均指代上文中的"祥林嫂"，这种照应关系也使得上下文衔接成为一个连贯的整体。

就照应的类型来讲，英汉两种语言并没有多大的区别，但是就照应手段在语篇中使用的频率而言，英语使用人称代词的频率要远高于汉语。这主要是因为英语语篇避免重复，而汉语行文习惯实称。例如：

Parents should not only love their children but also hep and educate them.

父母不仅应当爱护自己的子女，还应当帮助自己的子女，教育自己的子女。

（二）替代

替代是为了避免重复而常被采用的种重要的语言手段，替代形式的意义必须从所替代的成分那里去查找。这种衔接手段常见于英语语篇和汉语语篇中。[①] 例如：

The Americans are reducing their defense expenditure this year. I wonder if the Russians will do too.

美国人今年在削减国防开支，我怀疑俄国人也会这样做。

虽然英汉语篇中都使用替代手段，但是英语语篇中使用的频率要高于汉语语篇，这是因为汉语多习惯借助原词复现的方式来达到语篇的衔接与连贯。例如：

Efforts on the part of the developing nations is certainly required. So is a reordering of priorities to give agriculture the first call on national resources.

发展中国家做出努力当然是必须的。调整重点，让国家的资源首先满足农业的需要，这当然也是必需的。

另外，在替代手段的运用上，英语常用代词表替代，而汉语经常重复名词。这也是英汉语篇在替代衔接方面最显著的差异。[②] 例如：

Electrical charges of a similar kind repel each other and those that are dissimilar attract.

同性电荷相斥，异性电荷相吸。

---

① 郑国锋. 英汉语替代对比功能分析 [J]. 华东理工大学学报（社会科学版），2009，24（03）.

② 崔晓卉. 英汉语替代手段对比分析 [J]. 语文学刊（外语教育教学），2014（07）.

（三）省略

省略，顾名思义，就是将语言结构中的某个不必要的部分省去不提。省略既是一种避免重复，使表达简练、紧凑的修辞方式，又是一种重要的语篇衔接手段。省略在英汉语篇中都经常被用到，但是所用频率却存在差异，即英语语篇中使用省略的频率要远高于汉语语篇，这是因为英语的省略多伴随着形态或形式上的标记，不易引起歧义。例如：

每个人都对他所属的社会负有责任，通过社会对人类负有责任。

Everybody has a responsibility to the society of which he is a part and through this to mankind.

上述例子中，英语中用 to 这一形式标记来说明省略的动词成分，因此句子显得前后连贯、结构紧凑。但汉语则习惯重复这一成分。

英汉省略的另一个显著差异是省略成分不同。由于汉语中的主语具有较强的控制力和承接力，所以汉语中常省略主语，而英语则需保留句子中出现的每一个主语。例如：

柯灵，生于 1909，浙江省绍兴人，中国现代作家，1926 年发表第一篇作品，叙事诗《织布的妇人》，1930 年任《儿童时代》编辑，1949 年以前一直在上海从事报纸编辑工作，并积极投入电影、话剧运动，中华人民共和国成立后，曾任《文汇报》副总编辑，现任上海电影局顾问。

KeLing was born in Shaoxing, Zhejiang Province, in1969. He is a modern Chinese writer. His first writing, a narrative poem "*The Woman Weaver*" appeared in 1926. He was one of the editors of "*Children's Times*" from 1930 onwards. Before 1949 he was all along engaged in editorial work in newspaper offices and took an active part in activities of film and modern drama in Shanghai. After liberation he filled the post of deputy editor in chief of "*Wenhui Bao*" for a period. He is at present adviser of Shanghai Film Bureau.

上述汉语语篇中主语"柯灵"出现一次之后，后面的句子都将这一主语省略掉了，但省略的主语暗含在了上下文之中，所以主语的省略并不影响读者的理解。而在英语译文中，原文省略的主语都用人称代词 he 补全了。

（四）连接

连接关系主要是通过连接词或是一些副词、词组来实现的。语篇中的连接成分往往是具有明确含义的词语。通过这些词语，人们可以有效地了解句子之间的语义联系。英国当代语言学家韩礼德（Halliday）将连接词语的功能分为四类：additive（添加、递进），adversative（转折），causal（因果），temporal（时序）。这四种连接词可分别由 and，but，so，then 来表达。

添加、递进是指在写完一句话之后，还可以在此基础上添加内容。常见的连接词有 and，in addition，furthermore，what is more 等。

转折是指前后两句的意义截然相反。常见的表示转折的连接词有 but，however，on the other hand，conversely 等。

因果关系是指通过各种方式体现的原因与结果的关系，常见的表示因果关系的连接词有 because，so，for this reason，consequently 等。

时序关系指的是语篇中事件发生的时间关系。常见的连接词有 first，formerly，then，in the end，next 等。

上述介绍的几种连接关系在汉语语篇中同样存在。

表增补、添加关系的连接词有"而且""此外""再说""再则""况且."等。

表转折关系的连接词有"但是""可是""然而""从另一方面来说"等。表因果关系的连接词有"因为""由于""所以""因此""于是""结果是""正因为如此""由于这原因"等。

表时序关系的连接词语有"后来""尔后""接着""正在这时""此前""原先""此后""最后"等。

可以看出，在功能和出现的位置（多数出现在句首）方面，英汉语篇的连接词是大致相同的。但在连接词的使用方面却存在着显性与隐性的差别。例如：

……我不习惯与朋友合作，我觉得还是自己独立地想点什么就写点什么，写好写坏写成写不成，都由自己担着。一说合作，心理上的压力就非常大。

表面来看上述例子的语言表述显得十分松散，而且也没有明显的连接词，但是就内在含义来讲却是连贯的，读者也会很容易理解语句之间所表示的因果关系，这就是汉语语篇的隐性连接，仅靠语句的先后顺序就能表达出语篇的逻辑关系。

二、英汉语篇模式对比

语篇模式是通过语言社团长期的积累并在以往经验的基础上形成的一些城市化或定型的语篇组织形式或策略。语篇模式的使用体现了语言交际的规约性，在语篇的形成和理解过程中发挥着重要作用。在英汉两种语言中，语篇模式就有着显著的差异。以下就分别来了解一下英语语篇模式和汉语语篇模式，并从中了解英汉语篇的差异。

（一）英语语篇模式

（1）概括—具体模式。概括—具体模式又称"一般特殊模式""预览—细节模式"和"综合例证模式"。它是英语中最常见的一种语篇模式，其大致结构可通过以下形式来表示。

概括陈述→具体陈述1→具体陈述2→具体陈述3→具体陈述4

（2）问题—解决模式。问题—解决模式的语篇描述顺序为：说明情况—出现问题—做出反应—解决问题—做出评价。但其程序并不是一成不变的，有时也会有所变动。

（3）主张—反主张模式。在这种模式中，作者通常会先提出一种普遍认可的主张和观点，然后说明自己的主张和观点，或者提出与之相反的观点。其中，主张部分可以是假设的观点，反主张部分可以是对真实情况的描述，因此这一模式又称"假设真实模式"。这一模式常见于论辩类篇章中。

（4）叙述模式。叙述语篇模式就是按照一定的时间顺序对事件发生的过程进行描述，在描述的过程中通常要交代清楚五个方面的问题，即何时（when）、何地（where）、何事（what）、何人（who）以及为何（why），简称五个"W"。它常用于人物传记、虚拟故事、历史故事和新闻报道中。

（二）汉语语篇模式

汉语语篇模式既有与英语语篇模式相似的地方，如主张—反主张模式、匹配比较模式和叙事模式都是基本相同的，也有与英语语篇模式的不同之处。其不同之处具体表现为以下两点。

（1）汉语语篇的焦点和重心的位置不固定，具有流动性。例如：

两百多年前，法国一位医生想发明一种能判断胸腔健康状况的器械。他经过刻苦钻研，始终想不出什么好办法。一天他领着女儿到公园玩。当女儿玩跷跷板的时候，他偶然发现用手在跷跷板上轻轻地敲，敲打的人自己几乎听不见，而别人把耳朵贴近跷跷板的另一端却听得清清楚楚。他高兴地大喊起来"有办法了！"马上回家用木料做了一个喇叭形的东西，把小的一端塞在耳朵里，大的一端贴在别人的胸部，不仅声音清晰，而且使用方便。世界上第一个听诊器就这样诞生了。如此看来，科学家的灵感并不是什么神秘莫测的东西。关键在于勤奋，在于实践，在于不怕失败，努力探索。鲁班发明锯子的传说同样给我们深刻的启示。据说他有一次上山用手抓着丝茅草攀登，一下子把手拉破了。鲁班发现丝茅草两边的细齿不是可以锯树吗？他立刻和铁匠一起试制，做成了木工最常用的工具——锯子。许多人都被茅草割破过手，而只有鲁班由这件事启发，发明了锯子。

上述语篇中，焦点并没有出现在文首和文尾，而是出现在了文中。由此可以看出汉语语篇焦点的灵活性。

（2）汉语的焦点有时很模糊，并不点明，有时甚至没有焦点。例如：近一段时期以来，从报纸、广播、电视上得知，不少地方都在做同一项工作——补发拖欠教师的工资。有的是"省市主要领导亲自过问"，有的是"限令在教师节前全部补齐"。湖北某市的领导还卖掉日产"公爵王"轿车，把 35 万元卖车钱用于还欠教师的债。总之，这些报道在宣传"领导的尊师重教之情"，向我们报告着一个又一个的好消息。

以上是文章的第一段，这篇文章的中心思想是很多领导都是嘴上说尊重教师，但实际上却不是。但是通读整个语篇（共五段），却找不到能够明确表达这一思想的句子，可见作者的思想是不断流动的。

第五节　英汉网络语言对比

一、网络语言的定义

社会上许多学者对网络语言的定义大同小异，但不外乎以下几种对网络语言代表性的定义。一种是于根元教授提出的他认为网络语言主要是指使用的有自己特色的自然语言，其起初多指计算机语言。① 目前来看网络语言主要是书面语形式，有许多是未经加工的过简、哆嗦、不顺的大白话，这些主要是出现在一些帖子、聊天室的谈话。一种是高洪波认为网络语言是指人们在网络交流中所使用的语言形式，可以分为三类：一类是与网络有关的专业术语，二类是与网络有关的特别用语，三类是网民在聊天软件和论坛上的常用词语。还有一种是刘海燕对网络语言的定义是网络语言特指（用电脑输入的）出现在网络上的话语。包括两个部分：一是技术专业术语，二是网络文化词，三是聊天室用语。最后一种是卢惠惠提出的相对来说比较全面的定义是网络语言是网民们在互联网上进行交际的重要工具，它并不是一种新型的语言，而是一种使用范围，使用人数都相当多的方言变体。② 其与日常用语最大的区别在于它无法

---

① 杨钦翔. 英汉网络语言构词法对比［J］. 湖南人文科技学院学报，2009（04）.
② 卢惠惠. 小议网络语言的语音变异现象［J］. 修辞学习，2003（1）.

用听觉感知来传递信息，只能靠键盘输入文字或符号来进行笔谈。它最大特点是将诉诸听觉的日常口语书面化，在文字的视觉形象做文章。从以上几位研究者对网络语言的定义可以看出，网络语言就是一些受过高等教育经常在网上尤其是一些微博、微信朋友圈等比较受广大网民欢迎的形式里对时下发生的一些事情的一种调侃，在网络中基于传统的语言而发展出的一种新的语言形式。

通过浏览一些比较流行的帖子我们发现使用网络语言的人大多是经常待在网上的思维活跃、喜欢新事物、追逐时尚、渴望交流、创新的年轻人，大学生们，网络给其提供可以匿名而且能在网络上给自己提供发挥的空间。他们都受过高等教育，熟悉英语和计算机语言，具有很强的号召力和感染力，所以网络语言一旦流行就势不可挡。

二、英汉网络语言的异同点

国内外对网络语言的研究起步都比较早，研究的范围也比较广，研究的主要内容主要包括语言的要素变异、网络符号生成的原因、网络语言与文化关系等等。但是国内外的研究者对网络语言的研究只是单纯的对网络语言自身的研究，接下来将英汉两种网络语言进行对比分析研究，造成英汉两种网络语言流行的相似性和不同点原因进行分析。①

网上传的很火的网络语言"元芳，你怎么看"，这句网络流行到底是什么意思呢？通过搜索观察，这句话事实上出自热播电视连续剧《神探狄仁杰》，元芳官职正三品，狄仁杰的卫队长，武艺高强，性情忠烈，更难得的是其思维缜密而细腻，逻辑思维能力超群，是狄仁杰的好搭档。除此之外，网友还经常以"大人，此事必有蹊跷""大人，此事背后一定有一个天大的秘密！"来构成一问一答。这些都是出自这部热播的电视剧。"元芳，此事你怎么看？"这句甚是在网络流行的话，其主要表现为前面叙述一件事，后面必定加上一句"元芳，你怎么看"。比如说，"我现在还没有女朋友，元芳，你怎么看？"，"学校该下课了，老师在课堂上还在滔滔不绝的讲课，学生甚是急着下课，对老师拖堂，元芳，你怎么看？"这一习惯有的对话也因此被网友狂拿来使用在各种场合，并跟风模仿被网友称之为"元芳体"。"元芳体"不是第一个流行的句式，之前流行的还有比如说"杜甫很忙""后宫体""淘宝体"等网络流行语言蹿红之后，最近又有"咆哮体""流氓体"等多种流行语走红，包括近期异常火爆的江南 style。

通过对英汉网络语言分析得出网络语言有以下几个主要特点，简洁性，比

---

① 张传枝. 英汉网络聊天语言研究方向对比综述 [J]. 教育教学论坛，2017（05）.

如 3Q（谢谢）、自创性，gelivable（给力）、vegeteal（vegetable＋steal，偷菜）等、指代性；如恨爹不成刚等。另外网络语言还有新奇有趣、随意性、生动形象、调侃诙谐、格调低下等特点。

（一）新造型网络词汇

网络新生词汇的产生和发展让很多传统词汇发生了很大的变化，人们通过网络进行交流和沟通时，很多日常用语被赋予了新的含义。[1]

在英语网络词汇中，像"surf"—"冲浪"，原来指的是一项水上运动，但是由于其刺激和愉悦身心的作用与上网有着相似之处，因此，"冲浪"一词在网络语言中被赋予了"上网查询资料、娱乐等活动"的意义。还有像"bug"，原是臭虫的意思，但是，由于一只臭虫钻进了第一代计算机的真空管内，导致整个计算机无法正常工作，因而，现在把跟电脑有关的故障都称之为"bug"。"banner"—"横幅"，现在指网络中的横幅图像广告。另外，还有像"attachment"—"附件""ID"—用户名等都是将其本来的意义放置于网络环境中，从而让其获得了网络词汇中的新含义。

在汉语词汇中，也有很多随着网络的发展而发生了变化，产生了新的含义。比如"拍砖"（发表不同见解）、"东东"（东西）、"美眉"（妹妹、美女）、"写手"（网络文学的作者）、"见光死"（指网恋等一见面就完蛋）等。这些词汇读起来别有一番滋味，因此也得到了人们的普遍认可，有些甚至还在传统媒体上崭露头角，比如 2010 年 11 月 10 日，网络词汇"给力"就登上了《人民日报》头版头条，网友惊呼"太给力了"。

这些新造的网络语言一般都是在网民在网络提供的聊天工具中交流而产生的，多有借义的倾向。这些词汇是网络语言中最有创造力，也是最传神的部分，流传范围十分广泛，也因此成为网络语言的标识。

（二）缩略型网络词汇

英文中有很多词汇和句子是成型了的，但是由于其烦冗绵长，使用起来不方便，如果将其缩短的话，能够有效提高聊天交流的速度。英语是由英文字母组成的，因此，将各单词的首字母选取出来，组合在一起，并将其全部大写。组合完成之后能够发音的，就形成一个新词，称之为 acronym，组合之后不能发音的，就叫 abbreviation，这两者都叫作缩略词汇。比如，"AW-GTHTGTrA？"，是

---

① 李肖，周敏、陈清. 英文网络语言对汉语网络语言隐喻能力的影响［J］. 韶关学院学报，2013，34（07）.

"Are We Going To Have To Go Through This Again?"（我们还要再来一遍吗？）的缩写。另外，还有像"RUOK？PCM"，是"Are you okay？Please call me"（你还好吗？请打电话给我）的缩写。

当然在英语中也有很多时下流行的网络语言。人们为了在网络上交流的方便，并且使用能够被对方理解的语言来进行快速的沟通，以节约时间为目的，英语中聊天经常使用的网络语言，比如说 btw（by the way）：这个大多数人都会用，就是"顺便再说一句"的意思。g2g（got to go）：要走了。原句是 I've got to go。ttyl（talk to you later）：下次再说。brb（be right back）：很快回来。也就是 I'll be right back 或 I'm gonna be right back 的简写。jk（just kidding）：开玩笑，别当真。omg（oh my god）：我的天啊！有时为了表达更强烈的情感，有人会打：OMGGGGGGG！还有一类网络语言主要是表现当时发生的重大事件，对现代造成影响的一些网络语言。比如一些总统丑闻，"水门事件""桃色新闻"等等。

"LMIRI"——"Let's Meet In Real Life"（让我们见面吧！）。

"ASL"——"age/sex/location"（年龄、性别、在哪里）。

"WYMM"——"Will you marry me?"（你愿意嫁给我吗？）。

"FAQ"——"Frequently Asked Question"（常见问题）。

"WYRN"——"What's Your Real Name?"（你的真实姓名叫什么?）

"IMSHO"——"In My So Humble Opinion"（以我的愚见）

"OMG"——"Oh My God"（哦，我的上帝！）

汉字是方块字，输入速度要比英文慢，因此，使用汉语的网民便用汉语拼音的缩写来解决聊天时速度偏慢的问题。比如， "RP"——"人品" "XDJM"——"兄弟姐妹" "GG"——"哥哥" "PLMM"——"漂亮美眉" "JS"——"奸商"等。

（三）谐音型网络词汇

英语网络词汇中的谐音是由两个部分组成，一个是字母谐音，一个是数字谐音。字母谐音是用字母来代替发音与该字母相似的词。比如， "C"——"See" "U"——"you" "R"——"are" "Y"——"why" "B"——"be"等等。因此，"IC"是代表"I see"（我明白了）、"IOU"——"I Owe you"（我欠你的）。数字谐音运用更加广泛，就是利用数字来代替发音与该数字相似的词。比如，"B4"——"be-fore" "U2"——"you too"（你也是）。莎士比亚在《哈姆雷特》中的名句"to be or not to be"也被变成了"2B or not 2B"。另外，还有一些其他的例子，比如：

"IOWAN2BWU" — "I only want to be with you"（我只想和你在一起）。

"CUL8R" — "see you later"（回见）。

在汉语网络词汇中，谐音型的网络词汇更是数不胜数，在这方面，汉语也显示出了其独特的魅力。汉语中的谐音型网络词汇与英语网络相似，也是由两部分组成，一部分是字词谐音，一种是数字谐音。字词谐音是用汉字或者词语代替与之发音相似的汉字或者词语。再比如，"斑竹"—"版主"（指网络管理员），"肉鸡"—"弱机"（指网络上安全性不强，容易被人控制的机器），"酱紫"—"这样子"，"大虾"—"大侠"（指网龄比较长的资深网虫，或者某一方面，如电脑技术或者文章水平，特别高超的人）。数字谐音是指用数字来代替与之发音相似的词语。比如说，"886"—"拜拜喽"（再见），"4242"—"是啊是啊"，"1314"—"一生一世"，"520"—"我爱你"，"8384"—"不三不四"等等。

（四）杂糅型网络语言

网络的飞速发展与普及，让不同民族不同语言之间相互交融，相互影响，由此产生的网络词汇也是包含了各民族的特色。由于历史和地域原因，英语受法语的影响是最大的，现在，这些词的发音以及拼写已经彻底英化，变成了地道的英语词汇。但是，网民们却标新立异，反其道而行之。比如，英语中的形容词性修饰词一般是放在所修饰词的前面，而在法语中则是有的放前，有的放后，而英语网民们则干脆将所有的修饰词通通放在所修饰词的后面。比如，好莱坞巨星汤姆·克鲁斯主演的电影《不可能的任务》，其英文原名就是"Mission Impossible"，而不是"Impossible Mission"。

在这个方面，汉语也显示出了其良好的包容性，把国外的语言和汉语很好的杂糅起来使用，体现了网络语言的简洁性、创新性和随意性。比如，"3Q"—"thank you"（谢谢），"KUSO"是日语中"粪"的发音，后经中国台湾流入之后，变成了"恶搞"的意思。"酷鸡"，是指很"cool"的电脑等。

（五）符号型网络语言

在网络世界中，字符型网络语言也占有重要的一席。用符号来表达人们的感情也是网络语言的一个鲜明的特点。比如，"--"表示一个"无语"的表情，"O．O"来表示"惊讶"的表情，"T T"来表示"流泪"的表情，这种表情型符号最早起源于日本漫画，后来逐渐成为出现频率较高的文字符号，在成为网络语言后就出现了更多的表现形式。"：一）"是笑脸，其中"："是眼睛，"一"是鼻子，"）"是笑的嘴巴；"：—D"表示开怀大笑，o（∩_

∩）o 和^_ ^表示高兴的心情；":%)%"表示满脸的青春痘。另外，符号型网络语言也有些与谐音有关，比如" = "是表示"等一下"的意思"o"表示"哦"的意思。

三、英汉网络语言流行原因

英汉网络语言为什么能流行一时？并且还有可能继续流行下去？具体分析有以下几点原因：①

首先，在天马行空如此开放的网络环境下，人人都可以成为传播者，借助微博、社区等传播工具被网友在网络上相互传播，可以让一种流行元素发生一种"裂变效应"，并且在短时间内释放出传统媒体难以企及的传播能量。

其次，这些网络流行语的兴起，还源于网络语言本身具有的强大的"心理附着力"。分析这些网络流行语不难发现：它们有一个共同特点，那就是结构新奇、内容空洞。使得这些流行语能够成为万能句式，可以随意添加任何具体所指的内容，从而能够"嫁接"到任何文本当中，产生出其不意的心理效果。

再次，在这样一个安全感特别缺乏的时代，每个人内心都充满了疑问，人行道被人一踩就塌；大桥被"超载货车"一压就垮；得了诺贝尔奖，却买不起北京的大房子，元芳，你又怎么看？不可否认的是，借"元芳"来发问，其实是对种种莫名其妙问题的疑惑，网友未必需要现实的正确答案，只要满足了自己的表达欲望即可。

最后，杜甫很忙、元芳很忙、包拯很累，他们真的很忙很累吗？事实不是的，真忙真累的其实是我们自己。对杜甫，包拯，元芳老人家的唏嘘与调侃，其实是我们内心焦虑的投射，是想通过这种自娱自乐、自我解嘲的方式，来舒缓心理压力，缓解我们自身的恐惧，烦恼与无奈。通过概念隐喻理论来分析网络语言所隐含的除了字面意思所包含深层次的含义，从而揭示现实社会人们内心对社会存在的事实所隐藏的巨大的调侃与无奈。

四、英汉网络语言的相似性与不同点

通过对比英汉网络语言对比研究我们发现，由于人类具有相似的认知能力、思维过程及一些共享的世界知识和社会经验，人类语言中普遍存在的以概

---

① 杨立刚. 对比语言学视角下的英汉网络词语对比分析 [J]. 吉林省教育学院学报（下旬），2012, 28（08）.

念隐喻概念的跨文化共性。

　　但是由于英汉两个民族受各自的语言世界观，风俗习惯，地理环境和认知取向等因素的影响使得人们对网络语言的认识和理解有不同的见解，所以对具体某网络语言的使用，英汉两种语言的表现形式不完全一样，体现了两个民族在认识上的差异。还有由于中西方文化的不同，造成个人思维方式不同也使得对语言有不一样的认识。

　　隐喻不仅仅是一种语言现象和语言的修辞手段，而且是一种思维方式和隐喻概念体系，是人们用一种事物来认识、理解、思考和表达另一事物的认知思维方式之一。它根植于语言、思维、文化和概念体系中，是具有其普遍性和共性的人类基本的认知活动。人类思维的基本特征就是隐喻，人们的概念系统在很大程度上也是一隐喻的方式构建的。所有语言都有隐喻性，隐喻是无处不在的。网络语言源于身体体验，更加证实了隐喻映射具有经验基础这一认知普遍性，同时也受所在文化的影响，即网络语言概念隐喻具有认知的共性和文化差异性。此项研究成果对翻译、中西跨文化交际和外语教学有一定的参考价值。

第三章　英汉修辞与语用文化对比

修辞和语用是语言研究的两个十分重要的方面，英语和汉语作为两门语言自然也不例外。语言是人们用于交际的重要工具，修辞作为一种语言的特殊表达方式，影响着人们之间的沟通交流，故将英汉修辞进行对比研究有利于人们更好地理解英汉语言的表达。另外，在人们的言语交际中，听话人之所以能够领会说话人的意图，在很大程度上是因为话语的语用功能发挥了作用。因此，为了便于不同语言之间进行更好地交流，有必要对英汉语言的语用进行对比研究。本章主要对英汉的修辞和语用进行对比研究。

第一节　英汉修辞文化对比

一、英汉音韵修辞对比

音韵修辞是英汉语言中重要的修辞方式，其通过运用语言的音效关系来实现具体形象的语言表达效果。

（一）模音

模音（onomatopoeia）又被称为"拟声""摹声"，"象声""状声"，指的是通过模拟自然界中各种声音，以及人类在表达自身情绪过程中所发出的声音而创设的词汇。[①] 模音修辞在日常使用中十分广泛，能够生动表达出自然界声音的特点，对人类情感和情绪的表达也十分形象。

在英汉两种语言中都有利用模音而形成的词汇。例如：

---

① 郭蕾. 英汉语言对比与中西文化差异研究［M］. 北京：现代教育出版社，2018：63.

Rumble 轰隆（雷声）

Drip 滴滴答答（雨声）

Bowwow 汪汪（狗叫声）

英汉模音词在表达过程中，由于很多都是对客观现实和人的思想感情进行的表述，因而带有一定的相似之处。例如：

ping-pong 乒乓（打球声）

Moo 哞哞（牛的叫声）

上述例子分别为英汉语言中对客观事物、动物和人自身声音的模音表达，在表达过程中带有很大的相似性。

但是由于英汉模音语言在选择角度、方式、风格上带有一定的差异性，因此很多模音表达在不同的语言中处于缺位状态。这种缺位表现在英汉模音词对客观事物所选用的模音词不同、对动物和人的声音所选用的模音词不同等。

（二）押韵

押韵是指把相同韵部的字或者词放在规定的相应位置上而达到一定韵律效果的修辞手法。① 英语中，押韵主要包括头韵、腹韵、尾韵三种。汉语中的押韵主要有双声和叠韵。下面分别对这几种修辞方式进行对比。

1. 头韵与双声的对比

头韵是英语押韵修辞的重要组成部分，其最早发源于英语诗歌，是古英语诗歌韵律的基础。在表达过程中，头韵的使用能够增加句子的节奏感，使语言更加鲜活、生动。例如：

Dumb dogs are dangerous.

汉语双声指的是汉语中一个双音节词的两个字的拼音的声母相同。例如：

忐忑

尴尬

汉语中的双声和英语头韵有很大的相似性，但是有一点需要注意，英语中的首字母是元音或者是首部辅音字母不发音时，只要其元音的读音相同，也属于头韵的修辞。但是在汉语中并没有这个情况。

2. 腹韵、尾韵与叠韵的对比

在英汉两种语言中，由于音节数的不同，形成了不同的韵律表达方式。由于英语中单词的音节可能有一个，也可以有多个，因此其分了腹韵和尾韵的表达。但是汉语中，一般只有一个韵母音节，因此形成了叠韵的表达。

---

① 朱晓东. 英汉语篇对比与翻译［M］. 长春：东北师范大学出版社，2018：64.

所谓腹韵，指的是英语中后续单词与前面的单词在重读音节上有相同的元音重复现象。[1] 例如：

The kind guide said aside.

尾韵，指的是英语句子中单词的最后一个音节在读音上相同的表达方式。通过尾韵，能够提高语言表达的节奏感。[2] 例如：

No pains, no gains.

汉语中的叠韵指的是同韵母的字构成音韵的同叠效果的修辞手法。例如：

婆娑

嫖姚

二、英汉语义修辞对比

语义修辞指的是通过语义关系变化与联想来进行语言表达的修辞方式。下面通过英汉相同修辞格、差别修辞格对英汉语义修辞进行对比分析。

（一）英汉相同修辞格

英汉语言中相同的语义修辞格主要包括借代、夸张、矛盾、反讽、对比几种。

1. 借代

借代指的是通过相关事物来代替所要表达的事物的修辞形式。[3] 换言之，借代并不直接点明要表达的事物。大体上说，借代有以下几个类型。

①使用具体事物替代抽象事物。

②使用事物的局部代替事物的整体。

③使用事物的特征代替事物本身。

事物之间的联系性是使用借代修辞的前提. 通过借代可以提高表达的生动性与形象性，从而引起读者的联想。英汉语言中都有借代的修辞格，其结构一般都十分简单，采用名词代替名词的形式。例如：

He has a rough tongue.

这个例句通过部分代替整体的方式，表达了他的言语粗鲁。

2. 夸张

夸张（hyperbole）是"修辞格之一，运用丰富的想象，夸大事物的特征，

① 林莺. 中西语言文化对比研究 [M]. 武汉：华中科技大学出版社，2018：94.
② 朱晓东. 英汉语篇对比与翻译 [M]. 长春：东北师范大学出版社，2018：28.
③ 张俊娜. 英汉语言对比分析 [J]. 校园英语，2018（48）.

把话说得张皇铺饰，以增强表达效果"。可以看出，夸张是一种用夸大的言辞来增加言的表现力的修辞方式，但这种夸大的言辞并非欺骗，而是为了使某种情感和思想表现得更加突出。[①]

英汉夸张在修辞效果上是相同的，即都借助言过其实、夸张变形来表现事物的本质，渲染气氛，启发读者联想。但是，英汉夸张也存在着差异，具体表现在分类和表现手法两个方面：

一方面，分类存在差异。

（1）英语夸张的分类

①按性质划分，英语夸张可分为扩大夸张和缩小夸张。[②]

扩大夸张就是故意将表现对象向高、多、大等方面夸张。

缩小夸张就是故意将表现对象向低、小、差、少等方面夸张。

②按方法划分，英语夸张可分为普通夸张和特殊夸张。[③]

普通夸张就是基于表现对象原来基础进行夸张，或者说是"不借助其他手段而构成的夸张"。

特殊夸张即与其他修辞方式相结合进行的夸张（或者说夸张方式体现在其他修辞方式之中）。

（2）汉语夸张的分类

①按意义划分，汉语夸张可分为扩大夸张、缩小夸张和超前夸张三种类型。[④]

扩大夸张就是故意将事物的数量、特征、作用、程度等夸大。

缩小夸张就是故意把事物的数量、特征、作用、程度等往小、弱方面夸张。

超前夸张就是故意将两件事中后出现的事说成是先出现的或是同时出现的。

②按构成划分，夸张可分为单纯夸张和融合夸张两类。[⑤]

单纯夸张就是不借助其他修辞方式，直接表现出的夸张。

融合夸张就是借助比喻、拟人等修辞方式表现出来的夸张。

可以看出，英语和汉语中都有扩大夸张和缩小夸张，但是汉语中有超前夸张，这是英语中所没有的。

---

① 孙颖. 英汉语言对比体现的文化差异 [J]. 明日风尚, 2018 (20).
② 彭玺. 英汉语言对比与翻译的结合研究 [J]. 魅力中国, 2018 (34).
③ 宋宇. 论英汉语言对比体现的文化差异 [J]. 英语广场, 2018 (1).
④ 姬银萍. 英汉语言的对比与翻译 [J]. 郑州航空工业管理学院学报（社会科学版）, 2014 (2).
⑤ 孙佳欣. 基于英汉语言对比改善外语教学 [J]. 民间故事, 2018 (17).

另一方面,表现手法存在差异。

在表现手法上,英语多借用词汇手段进行夸张,如通过形容词、名词、副词、数词等表现夸张;而汉语则多借助直接夸张或修辞手段来表现夸张。

3. 矛盾

矛盾的修辞指的是使用两种对立或相反的词语来进行表达,从而造成一种强烈的语义对比效果。矛盾修辞的使用在英汉语中也经常出现,二者在表达效用上具有相似性。[①] 例如:

open secret 公开的秘密

奢侈的贫穷 proud humility

4. 反讽

反讽指的是使用字面含义相反的形式来表达实际语用含义的修辞方式。[②] 反讽主要有正话反说和反话正说两种形式。例如:

He was such a marvelous teacher that whenever he recognized a spark of genius you could be sure he'd water it.

(CharlesKay Smith:*Styles and Structures*)

他是个了不起的教师,如果他发现了一点天才的火花,你可以相信他一定会把它浇灭。

5. 对比

对比修辞,顾名思义,就是将具有明显差异、矛盾、对比的失误进行比照来实现语用含义的修辞。[③] 例如:

United we stand, divided we fall.

先天下之忧而忧,后天下之乐而乐。

(二)英汉差别修辞格

英汉带有差别性的修辞主要有比喻和比拟两种,下面分别进行分析。

1. 比喻

不把要说的事物平淡直白地说出来,而用另外的与它有相似点的事物来表现的修辞方式,叫作"比喻"(figures of comparison)。在汉语中,比喻又称"譬喻",俗称"打比方"。比喻这种修辞方式在英汉语言中十分常见。其中,在分类上,英汉比喻就存在着相似之处,都有明喻和暗喻之分,但除明喻和暗

---

① 邵志洪. 英汉对比翻译导论 [M]. 上海:华东理工大学出版社,2010:29.
② 熊兵. 英汉对比与翻译导论 [M]. 武汉:华中师范大学出版社,2012:134.
③ 许余龙. 对比语言学 [M]. 上海:上海外语教育出版社,2010:94.

喻之外，汉语比喻还包含借喻；此外，在修辞效果上，英汉比喻也基本相同，即都能有效增添语言的魅力，使语言更具生动性、形象性。

但是，英汉比喻也存在着显著的差异，即英语比喻中的暗喻涵盖范围更广，相当于汉语暗喻、借喻和拟物三种修辞格，但汉语比喻的结构形式更为复杂，划分也更为细致。以下就重点对英汉比喻的不同之处进行对比分析。

（1）英语暗喻类似汉语暗喻

英语暗喻与汉语暗喻在基本格式上是相同的，即本体和喻体同时出现。例如：

Life is an isthmus between two eternities.

生命是永恒的生死两端之间的峡道。

（2）英语暗喻类似汉语借喻

英语暗喻与汉语借喻极为相似，在这种修辞格中，喻体是象征性的，并包含个未言明的本体。例如：

It seemed to be the entrance to a vast hive of six or seven floors.

那似乎是一个六七层的大蜂箱的入口。

（3）英语暗喻类似汉语拟物

英语暗喻与汉语拟物也有着相似之处，它们都是把人当作物，或把某事物当作另一事物来描述。例如：

His eyes were blazing with anger.

他的两眼发出愤怒的火光。

2. 比拟

比拟指的是将一个事物当作另一个事物进行描写的修辞方式。比拟的修辞一般可以分为拟人和拟物两种类型。[①]

①拟人（personification）指的是将物当作人进行描写，从而赋予事物人类的言行或思想，使之人格化。[②] 例如：

I was traveling in China when Samaranch announced in Mos-cow that the city for hosting the 2008 Olympics was Beijing. All Chinese people were overjoyed, all mountains were overjoyed, all rivers were overjoyed.

（China Daily）

当萨马兰奇在莫斯科宣布北京获得 2008 年奥运会的主办权的消息时，我正在中国旅游。此时所有的中国人高兴起来了，所有的山脉高兴起来了，所有

---

① 陈帅. 英汉语言对比及英语教学研究［M］. 西安：西北工业大学出版社，2016：127.
② 路洁，徐梅，朱明元. 英汉语言对比与商务翻译［M］. 长春：吉林教育出版社，2017：60.

的河流高兴起来了。

上述例文为拟人修辞的运用，作者将山脉和河流用"高兴起来了"进行描写，赋予了山脉和河流人的喜悦之情。

汉语中拟人修辞的使用也十分常见。例如：

那宽大肥厚的荷叶下面，有一个人的脸，下半截子身子长在水里。

这个例句将"荷"比作"人"。

波浪一边唱歌，一边冲向天空，去迎接那雷声。

这个例句将"波浪"比作"人"。

英汉拟人修辞都是将作者的感情赋予具体事物，通过托物抒情、托物言志的方式，使自己的感情表达得更加淋漓尽致，增加读者与作品之间的距离。但是由于英汉语言与文化的不对应性，英语中拟人的概念主要使用分析型表达法，而汉语却使用综合型的表述方式。

②拟物。拟物的修辞指的是将人当作具体事物进行描写，将物的状态与动作赋予到人身上，增加语言的形象性，引发不同读者的联想。① 例如：

他确乎有点像一棵树，坚壮、沉默，而又有生气。

（老舍《骆驼祥子》）

英语中拟物的修辞很少见，因此不再进行对比分析。

除了上述所介绍的英汉语修辞格之外，两种语言中还有一些自身特有的修辞方式。例如，汉语中还包括镶嵌、顶针、回环等英语中没有的修辞。

三、英汉句法修辞文化的对比

（一）英汉倒装修辞对比

通俗来讲，倒装（inversion）就是将正常的句子顺序进行颠倒，从而起到平衡句式、突出重点、衔接紧密的作用，增加语言表达的生动性与形象性。②

英汉两种语言中都有倒装修辞的存在，但是从数量上看，英语中倒装修辞的使用较为常见，汉语中的倒装修辞在古文中可以看到，现代汉语中使用并不是很多。例如：

The door burst open and in rushed a troop of children in all sorts of fancy dresses.

门一开，呼的一声跑进来一群穿着各式各样化妆衣服的孩子。

---

① 许余龙. 对比语言学 [M]. 上海：上海外语教育出版社，2010：115.
② 闫晓莉. 英汉语言对比在文化领域的思考 [J]. 佳木斯职业学院学报，2015（11）.

（二）英汉设问修辞对比

设问修辞（rhetorical question）指的是利用先问后答的方式进行语义突出与强调的修辞方式。通过设问修辞，能够引起交际者的注意，启发人们的思考。① 英汉两种语言中都有设问修辞的使用。

英语中的设问修辞主要有两种表现方式。

（1）肯定形式的疑问表达否定含义。这种类型的修辞疑问句的形式是肯定的，但是其语言的内在含义却是否定的。例如：

Who knows？

谁知道呢？

上述这句话看似是一个疑问句，但是其真正的内涵是否定的，意思是nobody know。

（2）否定形式的疑问表达肯定含义。例如：

… there was a loud cry from a number of voice, and the horses reared and plunged.

But for the latter inconvenience, the carriage probably would not have stopped; carriages were often known to drive on, and leave their wounded behind, and why not？

（Charles Dickens：*A Tale of Two Cities*）

……从许多声音之中发出一声绝叫，马起前脚跳了一下。

若不是因为这点不便，马车是不会停止的；可以照常驰骋，把受伤者弃置在后面，为什么不可以呢？

上文选自狄更斯的《双城记》，句尾使用否定形式的疑问句表达了一种肯定含义，发人深思。

汉语中也含有大量设问修辞的使用。例如：

谁是最可爱的人呢？

我们的战士，

我觉得他们是最可爱的人。

（魏巍《谁是最可爱的人》）

英汉语言中设问的修辞方式在形式上和功能上都带有很大的相似性，能够引起人们的注意与思考。

---

① 张远扬. 文化领域中的英汉语言对比［J］. 海外英语，2017（10）.

（三）英汉对偶修辞对比

对偶（antithesis）是指用字数相同、句法相似的语句表现相关或相反的意思运用对偶可有力地揭示一个整体的两个相反相成的侧面，暴露事物间的对立和矛盾。[①] 英汉语言中都具有对偶这种修辞手法，在修辞效果上，英汉对偶是相同的，但在结构上，二者却存在差异，具体体现在以下几个方面：

1. 句法层次存在差异

英语对偶中的两个语言单位可以处在两个并列分句中，也可以处在同一个简单句中，还可以处在主从句中。但汉语的对偶其上句和下句之间一般都是并列关系。例如：

He that lives wickedly can hardly die honestly.

活着不老实的不可能坦然死去。

2. 语言单位项数存在差异

英语中的对偶既可以是成双的语言单位，也可以以奇数形式出现，如一个或三个语言单位。而汉语中的对偶是成双排列的两个语言单位，是双数的。例如：

Some books are to be tasted others to be swallowed and some few to be chewed and digested.

书有可浅尝者，有可吞食者，少数则须咀嚼消化。

3. 省略与重现存在差异

英语对偶则没有严格的要求，既可以重复用词，也可以省略重复词语。而汉语对偶中没有省略现象。

The coward does it with a kiss the brave man with a sword.

懦夫借助亲吻，勇士借助刀剑。

（四）英汉排比对比

排比（parallelism）是指利用两个或两个以上结构相同或相似、意义相关的短语或句子平行并列，起到加强语气的一种修辞方式。[②] 英汉两种语言中都有排比这种修辞方式，而且他们之间既有相同之处，也有不同之处。相同之处表现为：有着相同的分类，英汉排比都有严式排比和宽式排比之分；有着相同的修辞效果，都能有效增加语言的连贯性，突出文章的内容，加强文章的气势

---

① 姬银萍. 英汉语言的对比与翻译［J］. 郑州航空工业管理学院学报（社会科学版），2014（2）.
② 张远扬. 文化领域中的英汉语言对比［J］. 海外英语，2017（10）.

和节奏感。

英汉排比的不同之处主要体现在结构上，具体表现在省略和替代两个方面。其中，在省略方面，英语排比很少有省略现象，只有在少数情况下有词语省略的现象，通常省略的多是动词这种提示语，有时也省略名词。例如：

Reading makes a full man：conference a ready man and writing an exact man.

读书使人充实，讨论使人机智，笔记使人准确。

而汉语排比中基本不存在省略现象。例如：

我们搞具有中国特色的社会主义，没有远大理想，没有宽阔胸怀，没有自我牺牲精神，怎么行呢？

在替代方面，英语排比的后项通常用人称代词来指代前项的名词，汉语排比则常常重复这一名词。例如：

Crafty men contemn studies, simple men admire them, and wise men use them.

狡狯之徒鄙视读书，浅陋之人羡慕读书，唯明智之士活读活用。

"我尊敬我的老师，我爱戴我的老师，我倾慕我的老师。"

（五）英汉反复修辞对比

反复（repetition）指的是通过对词语和句子进行重复而突出表达效果、强化事理的修辞方式。[①] 例如：

Now is the time to forget everything in the past. Now is the time to get down to the business. Now is the time to work hard for the future.

You bleed when the white man says bleed, you bite when the white man says bite, and you bark when the white man says bark.

（Malcolm X）

大山原来是这样的！月亮原来是这样的！核桃树原来是这样的！香雪走着，就像第一次认出养育她成人的山谷。

（铁凝《哦，香雪》）

她含着笑，洗着我们的衣服，她含着笑，提着菜篮到村边的结冰的池塘去，她含着笑，切着冰屑悉索的萝卜，她含着笑，用手掏着那猪吃的麦糟，她含着笑，扇着炖肉的炉子的火，她含着笑，背了团箕到广场上去晒好那些大豆和小麦。

（艾青《我的大堰河》）

大体上说，英汉反复修辞在语言能够形式和功能上是基本相同的。相比较

---

① 赵海娜. 浅议英汉语言对比［J］. 中国校外教育，2014（24）.

而言，英语反复修辞主要是词语的反复，而汉语的手段则较为灵活。

四、英汉词语修辞对比

（一）英汉反语的对比

1. 定义

《韦氏新世纪词典》（*Webster's New World Dictionary*）对 irony 的定义如下："A method of humorous or subtly sarcastic expression in which the intended meaning of the words used in the direct opposite of their usual sense." 由此定义可以看出，irony 是用一种实际表达含义与字面含义相反的表达方法来传递真实思想的修辞方式，分为正话反说和反话正说两种。反语通常包括两层含义：表层含义和深层含义。理解和使用反语时务必要兼顾这两层含义，在理解表层含义的基础上深入挖掘与之相对的深层含义，理解作者的实际意图。①

在汉语中，反语又称"反话、反辞、倒反、倒辞"，即平常所说的"说反话"，是用与本意相反的词语等来表达实际含义并加强语气。汉语反语也具有表层和深层两层含义，其中表层含义是词语本身固有的，深层含义则需要根据上下文来确定。恰当使用反语有助于语篇的表达更深刻、有趣、耐人寻味。

2. 对比

①相同之处。从定义上看，英语 irony 和汉语反语都是用与实际表达含义相反的成分来表达本意，也都可以分为正话反说和反话正说两种，并都具有幽默俏皮、批判讽刺等效果。

②不同之处。由分类可以看出，英语 irony 还可分为词汇反语（verbal irony）、情景反语（situational irony）和戏剧反语（dramatic irony）三种，这三种反语类型已经在英语文学作品中得到广泛使用。而汉语中的反语则大多是词汇反语，情景反语和戏剧反语并不多见。

（二）英汉双关的对比

1. 定义

牛津英语词典（*The Oxford English Dictionary*）对 pun 的定义如下：the use of a word in such a way as to suggest two or more meanings or different associations，or the use of two or more words of the same or nearly the same sound with different meanings，so as to produce a humorous effect。由此定义可以看出，双关是

---

① 徐跃. 英汉语言对比及文化差异［M］. 成都：四川大学出版社，2018：82.

借助同音异义或同形异义，使表达具有两种不同含义的一种修辞方式。

汉语中的双关是利用词语的同音、多义等条件，有意用同一个词语、句子等语言片段在相同的语境中同时照应两种事物，表达两种意思：表面意思和隐含意思。其中表面意思被称为"表体"，隐含意思被称为"本体"，本体是双关表达的重点。

2. 对比

①相同之处。通过英语 pun 和汉语双关的定义可以看出，二者皆是利用词语的同音、多义而构成的，也都有谐音双关、语义双关和歧解双关三类。英汉双关修辞都在文学作品、评论文章以及广告中得到了广泛的应用，一方面使语言产生含蓄、幽默、委婉之感．另一方面均可对社会丑恶进行批判和讽刺。

②不同之处。英语中经常借助 antanaclasis（同音同型异义词重复）来构成双关，而关于 antanaclasis 是否与汉语中的双关对应还存在争论。有学者认为英语中的 antanaclasis 与汉语中的"换义"类似。[①] 另外，汉语双关只能关照两种事物和意义，而英语 pun 有时能关照两个以上的事物和意义。例如：

Not I believe me. You have dancing shoes.

With nimble soles：I have a soul of lead,

So stakes me to the ground. I can not move.

（William Shakespeare：*Romeo and Juliet*）

我实在不能跳。你们都有轻快的舞鞋。

我只有一个铅一样重的灵魂，把我的身体紧紧地钉在地上，

使我的脚不能移动。

本例中，作者利用同音异形词 sole（舞鞋）和 soul（灵魂）构成了谐音双关，从而引发三种不同的关照。

sole（舞鞋）和 sole（舞鞋）对照，意思是：你们都有轻快的舞鞋，我只有铅一样重的舞鞋。

sole（舞鞋）和 soul（灵魂）对照，意思是：你们都有轻快的舞鞋，我只有铅一样重的灵魂。

soul（灵魂）和 soul（灵魂）对照，意思是：你们都有舞鞋，心情又轻松，而我虽然有舞鞋，却心情沉重。

这三种对照实际上从各个侧面反映了罗密欧当时苦恼、沉郁的心情。

---

① 郭惠琴. 英汉语言对比与翻译研究［M］. 北京：北京工业大学出版社，2019：93.

第二节 英汉语用文化对比

一、英汉语用功能对比

对于英汉语用功能的对比，下面主要从语用语调、语法语用两个角度展开。

（一）语用语调对比

在语言交际过程中，语用语调对语用含义有着极其重要的影响作用，因而也是影响交际效果的重要因素之一。不同语言使用中，发话者可以通过不同的语调形式，如停顿、节奏、音长等，来表达不同的语用含义；受话者则可以通过对语调和语境的理解来分析发话人的交际意义。

英汉两种语言在语用语调方面存在很大的差异，下面具体从语调功能角度对二者进行对比分析。

1. 英语的语调功能

英语属于印欧语系，是一种拼音文字。在口头交际过程中，英语主要利用语调、重音、停顿等形式来表达具体的语用含义。其中，英语语调对交际有着重要的影响。一般来说，英语语调都伴随着说话人的个人感情色彩，是通过约定俗成的规律的语音系统进行的。在调控语调的过程中，一般需要利用语调组。所谓语调组，通常是由调头、调核、调尾三部分组成的。其中，调核对整个语调有着关键的影响作用，决定着语调的高低、长短、节奏等。

具体的语言交际过程，需要交际者根据不同的交际目的，选用不同的语调方式。英语语言学家韩礼德（Halliday）根据系统音系学的理论提出了英语语调的三个选择系统，即进行语调组划分、确定重音的位置和选择核心语调。

下面分别从英语语调的不同方面进行语调功能分析。

（1）声调

英语声调主要有五种：降调、升调、降升调、升降调和平调。在交际中通过使用这些声调能够表达出不同的语用含义。即使对于同一个句子来说，由于语调的不同，其语用含义也会有所不同。

（2）重音

重音也是英语语调表达的重要方式，其通过强调不同的词汇或加强语气来改变句子具体的语用功能。例如：

John kissed Mary.

约翰是吻了玛丽。

上文中加粗部分为重音强调词汇，通过重音表达，语句的含义发生了一定的变化。

除了对词汇进行重音强调之外，英语中多使用词汇手段突出重音形式，进行不同的语用功能表达。例如：

He came here this morning.

He did come here this morning.

对比上述两个例句，第二个例句通过增加 did 一词对 came 的动作进行了强调。

除了上述提及的两种重音强调形式，在英语中也可以通过改变句法结构来进行强调。例如：

Peter can speak Chinese.

It is Peter who can speak Chinese.

It is Chinese that Peter can speak.

在上面的三个例句中，第一句为正常的陈述句，表达"彼得会说中文"的含义。第二个句子，通过对 Peter 的强调，表达的是"就是彼得会说中文"。第三句使用的是强调句型，强调的是 Chinese，表达的是"彼得会说的是中文"。

（3）停顿

在英语语调中，还有一种重要的形式，那就是停顿。所谓停顿，指的是由于句子结构或出于表达意义的需要而稍作间歇的读音方法。英语中的停顿往往可以改变一个句子的意思。

2. 汉语的语调功能

在汉语中，主要有阴平、阳平、上声和去声四种基本调值。汉语的语调是其语言的重要特征之一，对语用功能有着关键的影响作用。除了基本的调值外，汉语也可以通过声调、重音和停顿来体现句子含义及其语用功能。

（1）声调

汉语中的声调主要有升调、降调、平调和曲折调四种。通过不同的声调，句子的语用功能会发生一定的变化。例如：

上课铃响了，同学们都向各自的教室跑去。

这句话为平调，主要用来表达表述的功能。

这篇文章是他写的？

这句话为升调，主要用来表达惊异。

这个电影真好看。

这句话为降调，表达一种感叹。

请你拿一下那本书。

这句话为降调，表示的是请求。

汉语中还有很多语气词，如"啦""啊""嘛""啰""呀"等，它们也可以用来影响语用功能的发挥。

（2）重音

汉语中也有通过重音来表达具体语用内涵的使用情况。一般来说，汉语中的重音主要包括语法重音和逻辑重音两种。

语法重音指的是说话人根据不同的语法结构来对某个词语进行强调的方式。[①] 例如：

我说了，可他不听。

谓语重音，表示"我的确说了，可他不听"。

赶快走，否则来不及了。

状语重音，表示"真得赶快走，否则就来不及了"。

逻辑重音指的是说话人通过对比前后语言和人物来突出其中一方的读音方式。[②] 需要指出的是，逻辑重音对交际者对话语的理解有着重要的影响作用。例如：

我知道你会来看我。

言外之意：你瞒不住我。

（3）停顿

在汉语语调中，停顿的使用也会影响句子的语用功能。例如：

老师看到我∥笑了。

老师看到∥我笑了。

对上述两个句子进行分析，虽然二者的语言结构相同，但是根据不同的停顿方式，其语言含义有着重要差异。其中，第一句表示的是"老师笑了"，第二个句子表达的则是"我笑了"。

（二）语法语用对比

英汉两种语言在语法语用方面也带有各自的特点，因此也会产生不同的语

---

① 杨芊. 英汉语言对比与中西文化差异探索 [M]. 青岛：中国海洋大学出版社，2018：72.

② 郭蕾. 英汉语言对比与中西文化差异研究 [M]. 北京：现代教育出版社，2018：80.

用功能。下面对英汉的语法语用对比进行系统分析。

1. 不同句法形式具有相同的语用功能

在具体语言环境的作用下，交际者会根据不同的交际意图、选择使用不同的语言策略。在英汉两种语言中，存在不同的句法形式但是具有相同的语用功能的表达。例如：

Someone's forgotten to close the door.

有人忘了关门。

Can you feel cold in this room?

在屋子里你感觉冷吗？

上述例句有陈述句和疑问句两种语言形式，但是其最终的语用功能都是用来表达命令。需要指出的一点是，在请求他人做事时，英汉两种表达带有差异性。通常英语中会使用间接的言语行为，而汉语则通常使用直接的言语行为。

2. 相同句法形式具有不同的语用功能

语用学主张联合不同的语言环境进行话语的理解。在具体的交际场景中，相同的句法形式也可能具有不同的语用功能。在英汉两种语言中，这一点都有所体现。例如：

Can you shut up now?

你能闭嘴吗？

这句话为一般疑问句，看似是疑问语气，但是在实际交际过程中，也能表达一种威胁的含义。

What time is it now?

现在几点了？

上述例句为特殊疑问句，用于平常的语境中可以表达询问时间之意。但是在特殊语境中也能表达出一种抱怨的语用含义。

英汉两种语言中都含有相同句法形式具有不同语用功能的现象，在具体的语言理解和翻译过程中应该进行具体区分。

3. 英汉其他语法手段的语用功能对比

（1）英汉否定语用功能对比

在英汉语言中，为了体现对交际者或谈论对象的尊重，经常会使用一些否定形式来表达过于直接的语用含义。例如：

You are not thin.

你不瘦。

上述例子通过恰当的否定形式，增加了语言表达的含蓄型，对受话者的影响较小，礼貌程度增加。

（2）英汉附加语的语用功能对比

在日常交际过程中，为了达到一定的交际目的，交际者会选择在句尾增加一定的附加语。例如，汉语中经常使用"好吗?""可以吗?""行吗?"等，英语中经常出现的 please，if you don't mind 等。

二、英汉语用语言对比

所谓语用语言，研究的主要内容是语言形式和语用功能之间的关系。英汉两种语言中语义相同、结构相似的短语或句子在不同的语境下可能会有不同的解释。[①] 例如，of course 在英汉语言中的语义是相同的，并且在汉语中该短语不含有贬义，但在英语对话中有时该短语含有认为问话者愚昧无知的含义。

虽然同一种语言行为可以用很多种语言形式来表达，但通常情况下这些语言形式是不可以相互替换的。也就是说，在一种语言中用来表达某一言语行为的最常用策略在另一种语言中就不一定同样适用了。例如，在汉语中，人们去商店买东西常用"给我一个……"这样的祈使句，但在英语中则经常会用"Can i have . . . please?"这样的消极礼貌策略来表达。

另外，同一种言语行为在不同文化中使用的范围也是不同的。例如英语的人在表示要求别人做事时用的动词特别多，这些动词不仅具有的特征不完全相同，而且表示的说话双方之间的权利关系也不同，被要求的一方或许是受益者或许不是。

与此不同的是，在汉语中表达同一言语行为的动词是非常有限的。就目前而言，跨文化语用语言学研究的内容多是与"礼貌"密切相关的言语行为，如道歉、拒绝、恭维、请求等。通常而言，言话行为的研究主要包括如下几个方面的内容。

（1）在不同文化中，同一种言语行为使用范围以及频率的差异。

（2）不同文化对言语行为理解上的差异。

（3）不同文化在表达同一种言语行为时所使用的语言形式上的差异。

（4）不同文化中，能用于表达同一种言语行为的不同语言形式中最常用形式的差异。

（5）在表达某一种言语行为时，常常与之相配合使用的言语策略，如缓和语、敬语、礼貌语等方面的差异。

---

① 高铭. 英汉语言对比分析与英语翻译教学［J］. 小品文选刊，2017（20）.

三、英汉言语行为对比

对英汉言语行为的对比研究是语用研究的重要组成部分。言语行为的使用是为了达成不同的交际目的，满足交际者的具体交际需求。下面分别对比分析英汉语言中常见的语言行为的表达。

（一）问候

问候是言语交际中的常见形式，是经过人类长期的生活实践所形成的程式化语言，在英汉语言中都包含大量问候用语。问候语言的形成与发展是多种因素共同作用的结果，文化便是其中的关键因素。英汉语言中关于问候语言的表达不尽相同，甚至在同一语言内部，问候的方式也具有差异性。

大体上说，英语在表达问候时通常与时间有关，如 good morning, good afternoon, good evening 等。这些表达都大致相当于汉语中的"你好"。但是和上述表达相类似的 good night 却表示的是晚安、明天见、再会的含义，在使用过程中需要引起注意。

汉语表达问候时经常使用"吃了吗？""去哪里？"等形式，但是说话人并不是真正问及交际者的隐私，其只是一种客套的问候，起到一种应酬的语用功能。受话人并不需要对此种问候做出实质性解释。

需要引起注意的是，由于英语国家的人大多重视个人隐私，对于汉语中这种问候形式会觉得难以接受。而中国在集体主义的影响下，并不认为这些话语侵犯了自己的权益，反倒愿意和大家分享生活中的事情。在具体交际和翻译过程中，需要针对不同情境进行具体应对。

（二）道歉

道歉指的是因自身某种行为给对方造成不便时所使用的话语。英汉两种语言中道歉话语的语用功能并不完全一致。①

在英语中，人们经常会使用 excuse me, I'm sorry 等表达来传达一种对别人的尊重和打扰。尤其是 excuse me 在英语中使用十分广泛，但是汉语中这种表达的方式却多种多样，如劳驾、借光、请问等。

（三）称呼

称呼（addressing）是言语交际过程中的重要组成部分。因为言语交际所

---

① 程雪佳. 英汉语言对比与翻译的结合研究 [J]. 中国民族博览，2017（5）.

要表达的许多意义往往不是通过语句来传递，而是通过称呼表达出来的。在许多情况下，称呼是开始交际的第一个信息。恰当的称呼是言语交际得以顺利进行的重要条件，不恰当的称呼则会使交际双方不快或使交际中断，甚至产生不良影响。比如，你的好友如果突然用尊称来称呼你，就会令你感到十分的"见外"，也显得很生分。

（1）西方人的称呼

根据不同的交际场合，我们与英美人面对面交流时通常有以下四种称谓方式。

①直呼其名。用于非正式的交际场合且交际双方的关系比较密切时。一般而言，西方年轻人在任何场合都倾向于使用这种称谓方式。例如，一个姓名为 Michael wood 的美国人，他的父母、妻子、朋友、同事甚至儿女都可以使用 Michael（或 Mike）来称呼他。

②头衔+姓氏。用于较正式的交际场合，头衔包括 M.（男士），Mrs.（已婚女士），Miss（未婚女士），Ms.（婚姻状况不明的女士）。对于女士来说 "Ms.+姓"这一称谓方式比较流行，因为很多女士在交际场合都不愿透露自己的婚姻状况。

③以职务或职称代替。可以用作称谓的表示职务或职称的词在英文当中为数很少，如 Professor，Doctor，Nurse，Judge 和 Captain，Colonel，General，Lieutenant 等军衔；另外还有 Waiter，Boy，Conductor，Usher，Porter 等职业称谓，但它们听上去很不礼貌，带有一种卑微的含义不称。

④不称。除了上述三种主要的称谓方式外，在人们的交往过程中还有种现象，叫不称（不好称呼）。如果说话者不知道如何来称呼听话者，那么最好不直接称呼对方。例如，我们与陌生人打招呼可以直接说"Good morning!"因为不称比错称要好得多。

（2）中国人的称呼。由于几千年来的历史传统，在中国形成了一种长幼尊卑的等级关系，这种关系是极其讲究的。例如，孩子不能对父母、长辈、老师等直呼其名，否则就是不懂礼貌。在亲属关系的称谓上，中国人一般对他人采用"叔叔""阿姨""先生""女士"等尊称。在职场中，中国人往往用抬高对方职称的方法来表示尊重，如在称呼一些副职的人员时把"副"字去掉，由此才能显示出对对方的尊敬。

（四）致谢

致谢语是指当别人对自己有所帮助，自己为表示感谢而说的话。英汉语言中的致谢语在使用上存在着很大的不同。① 在西方国家，thank you 是挂在嘴边的话，几乎在任何场合、任何人际关系中都可以使用表示感谢的话，这是一种礼貌策略。与此不同的是，汉语中"谢谢"的使用频率没有那么频繁，是不能随处可用的。归纳起来，在下面的这些场合中是不适合道谢的。

①做自己分内的事不需要致谢。意思就是说，说话者无需对职责之内的事表达感谢。例如，在商店里一般都是售货员向顾客表达感谢，因为顾客选择了他的商品。而如果顾客向售货员致谢则会让售货员感觉很奇怪和不自然。不过由于受到国外文化习俗的影响，现在中国人对于职责范围之内的事也多用致谢语。

②受到赞扬时不致谢。中国传统的文化教育我们，谦虚是一种美德，对于别人的赞扬也要表示出足够的谦虚。

③亲密关系之间不用致谢。例如，父母与儿女之间、丈夫与妻子之间、兄弟姐妹之间都不需要说谢谢。因为"谢谢"在语用功能上一般表示双方关系的疏远。

（五）答谢

一般而言，对方致谢之后，英语国家的人士通常会用这样的语句来回答。
You're welcome.
不用谢。
Don't mention it.
不用客气。
需要提及的一点是，英美国家在使用答谢语时也存在语言运用上的差异。英国人常用"Not at all."或"Don't mention it."或"It's my pleasure."来回答；美国人则常用"You're welcome."来回答。
汉语在回答致谢语时常用的表达有下列几种。
不用谢。
没什么。
这是我应该做的。
综上可知，英语中表达答谢时比较直接，汉语则比较委婉。另外，汉语中"这是我应该做的"或者"这是我的职责"的话语，用英语来表达就是"That's what I should do."或"That's my duty."。从语用学的角度进行分析，这两句英译的致谢语其含义就变成了"这不是我情愿的，只是责任而已。"，英

---

① 宋宇. 论英汉语言对比体现的文化差异 [J]. 英语广场, 2018 (1).

语国家的人听到这样的话会感到十分尴尬。这与汉语所表达的语用含义有所不同。因为在汉语中，职责范围内的事情不需要答谢，所以说话人说这句话是想表达："这是我的职责范围，不必客气。"，这恰恰是汉语特有的答谢方式。

（六）称赞

称赞（complimenting）是一种对他人品质、能力、仪表等的褒奖言行，恰当的称赞可以鼓励他人、缓解矛盾、缓和人际关系等。① 美国人对 nice, good, beautiful, pretty, great 等形容词的使用比较多，最常用的动词有 like, love 等。美国人所用称赞语中，下列句式出现的频率较高。

You look really good.

I real like it.

对称赞的反应，英美人一般表示感谢，也就是正面接受称赞。不过并非全是接受，有时也有拒绝的情况出现。例如：

A：That's a nice outfit.

B：What? Are you kidding?

需要说明的是，英美人拒绝称赞并非是因为谦虚，而只是出于观点不同的直接表达，即并非像中国人那样明明同意对方的观点却故意否定对方的赞扬。

中国人与英美人不同，一般不会爽快地以迎合的方式去接受对方的称赞或恭维，而是习惯使用"自贬"的方式来对待他人的赞美，如有中国学者作国际性学术报告，报告本身很有学术价值并得到与会者的一致认可，但在结束报告时，报告人通常会说一些让外国人觉得毫无缘由的谦虚话。

---

① 孙佳欣. 基于英汉语言对比改善外语教学 ［J］. 民间故事，2018（17）.

第四章　英汉习俗文化对比

中西方除了语言方面存在很大的差异之外，在习俗文化方面也存在很多不同。本章从饮食文化、社交习俗文化、称谓习俗与服饰文化四个方面对英汉习俗文化之间的差异进行研究。

第一节　英汉饮食文化对比

一、饮食对象比较

（一）西方的饮食对象

在西方，由于自然条件不适宜农作物的生长，因此其农业资源并不像中国那么丰富，这就决定了其饮食对象的不同。西方人多以渔猎、养殖为主，以采集、种植为辅。因此，受游牧民族、航海民族文化血统的影响，西方的饮食对象多以荤食为主，甚至连西药也是从动物身上摄取提炼而成。西方人在介绍自己国家的饮食特点时，常常对自己国家发达的食品工业和快餐食品引以为豪。虽然这些罐头、快餐千篇一律，但节省时间且营养良好。西方人喜食荤食，但需要说明的一点是，他们不吃动物内脏、头、尾与皮。①

（二）中国的饮食对象

中国自古以来就是农业大国，饮食对象与农业生产有密切关系，中国主要

---

① 单士坤，王敏. 民族文化心理与中西饮食文化之对比［J］. 山东省农业管理干部学院学报，2005（02）.

的食物可以分为以下几类。

1. 主食类

中国的传统主食是五谷，即稻、黍、稷、麦、菽。除此以外，马铃薯、山药、芋头等薯类作物也可以充当主食。值得一提的是，南北方在主食上具有明显区别，南方的气候适宜水稻的成长，因此其主食以来源于水稻的米饭为主，而北方气候适宜小麦和玉米的生长，因此北方的主食常以面条、馒头为主食。

2. 肉食类

肉食主要来源于与农业生产有密切关系的六畜，即马、牛、羊、狗、猪、鸡。肉类是随着人们生活水平的提高才慢慢走上百姓餐桌的，起初由于人们生活水平有限平时无法吃到肉类，只有逢年过节才会沾到一点荤腥。随着生活水平的提高，人们食用肉类已经不足为奇。

3. 辅食类

中国人除了在日常生活中需要食用主食外，还需要其他的辅料来补充身体所需的维生素等。从传统意义上说，中国人的辅食主要为蔬菜，肉食的摄入量很少。据有关资料统计，中国人吃的菜蔬多达 600 多种，是西方人的若干倍。

二、饮食餐具比较

（一）西方饮食餐具

西方人多以金属刀叉为餐具，盛放食物的器皿种类繁多，包括各种杯、盘、盅、碟。西方人用餐比较讲究，不同的食物对应着不同的餐具。他们在用餐时一般左手拿刀，右手拿叉，且餐具的摆放也很有讲究，一般按照刀叉的顺序从外向内依次取用。[①]

西方人使用刀叉切食牛肉的行为曾一度被认为是一种文明程度不高的象征，西方人之所以以刀叉为饮食工具并不是空穴来风，其有一定的历史渊源。西方民族多为游牧民族，由于常年需要在外放牧，因此人们身上带一把刀是必需的，既可以当作一种工具，又可以在吃饭的时候作为一种餐具，户外饮食多以烤肉为主，将肉烤熟后割下来直接食用。随着人们生活方式的改变，人们渐渐定居下来，刀叉也逐渐走进了人们的厨房，成为一种日常餐饮工具。

现代西方社会的经济发展迅速，人们的生活水平得以提高，其文明发达程度一目了然，显然刀叉作为餐具的习惯已不会更改，这种习惯的保留与刀叉的实用性有关系：西方的刀叉既可以作为切割肉类的工具，又可以作为餐具使用。

---

① 冯野凌. 浅析与饮食相关的中英习语及其文化对比分析 [J]. 海外英语，2011（05）.

（二）中国饮食餐具

中国的饮食餐具以筷子为主，有时也会使用汤匙，饮食餐具还包括一些杯、盘、碗、碟。筷子的使用在我国有很久的历史渊源，先秦时期人们吃饭一般不用筷子，多以手抓的形式来拿取食物。后来由于人们开始将食物进行烤制，这样便不宜用手直接抓食，需要借助于树枝等类似工具的帮助，久而久之人们便逐渐学会使用竹条来夹取食物，这也是筷子最早的雏形。古代的筷子称作"箸"，根据相关研究表明，到汉代后人们才普遍使用筷子。[①]

三、烹调方式比较

（一）西方烹调方式

西餐的烹调方式比较单一，主要为烤、炸和煎。西餐中不同的食物大多都可以使用这些烹调方法进行烹制。由于西方主要注重的是食物的营养价值，其对于食物的烹调也多以保持营养为第一准则。西方人在食物的烹制过程中讲究营养的均衡，因此各种食材常常混合在一起进行制作，如将面食与肉类、蔬菜，甚至水果混在一起。由此可见，西方的烹制方法虽然最大限度地保持了食材的营养成分，但是菜品的美观度有时并不那么高，同时还缺少了一定的艺术氛围。

（二）中国的烹调方式

相比较而言，中国的烹调方式可谓技术高超、品种丰富。

（1）中国各地的菜肴就地取材，因地制宜，根据风味的不同可分为京菜、川菜、鲁菜、粤菜、湘菜、徽菜、苏菜、闽菜八大菜系。厨师常常根据季节的变化，变换调料的种类或数量，烹制出口味有别的菜肴。例如，四川、重庆地区气候湿热，菜肴常以麻辣为特点，这样既能刺激胃口，又能发散人体内的湿热，有益于健康。

（2）同一种食材可以通过不同的加工方式制作出变化无穷的菜肴。例如，山西面食以白面为基本原料，却能变幻出刀削面、包皮面、猫耳朵、拉面、剔尖、剥面、切面、饸饹、揪片等几十种花样，充分体现出中国人丰富的想象力。

（3）中国对食材的加工方法也已经非常成熟。中国的刀功包括切片、切

---

① 黄兰堞，黄晓林. 从文化视角看英汉饮食隐喻差异［J］. 四川旅游学院学报，2014（02）.

丝、切丁、切柳、切碎、去皮、去骨、去壳、刮鳞、削、雕等各种技法。中国的烹调方法就更多了。例如：

炒——这是中式菜肴最主要的烹调方法。

炖、煨、焖、煲——将菜料放在水或汤中，用小火慢慢加热熬煮，这是主要用来做汤的烹饪方法。

熏——将家禽或野味用调料调制好后，用特殊的树木柴禾熏烤而成，这种菜肴风味独特。

煎——在锅内放入少量的食用油，等油达到一定的温度后将食物放到锅中进行煎制，这样做出的食物没有炸的那么多油，但是也会使食物有酥脆之感。水煎包就是利用煎的烹饪手法来制作的。

爆——其方法大致与煎相同。但爆在烹饪过程中一般是用来为食物提取味道的，锅中所放入的油比较少，通常情况下是为了使食物的香味散发出来，爆时火较大且时间较短。在做菜过程中经常需要将葱等爆香，以提高食物的美味度。

炸——就是在锅内放入较多的油，等到油煮沸后将食物放入锅中进行较长时间的炸制，使食物松脆香酥。炸可分为干炸、软炸、酥炸乏种。不同的炸法适合不同的食物，不同的炸制方式会有不同的口感。

烧——烧可以使食物更加入味，其做法一般是在锅内放入少量的食用油，等到油达到一定的温度后放入菜料和调味料，盖上锅盖进行焖制。中餐最常见的就是红烧肉了。

煮——是指在锅内放入一定量的水、调味料，在小火上烧。煮可按煮制所需时间的长短分为速煮和快煮两种。

烤、烘——烤是指将菜料放在火上或火旁烧烤；烘是指将菜料放在密封的烘炉里或铁板架子上烤，食物不与火直接接触。

白灼——将食物放在沸水中烫一下，然后取出来用调料进行烩拌或热锅炒。在烹制海鲜食品时通常用这种方法。

蒸——将食物用适当的调味料进行调制，并将调制好的食物放在碗或碟内，再将其放入锅中或蒸笼中隔水煮，中国北方许多面食如馒头、包子等就是这样加工而成的。

综上可知，中国烹调技术较为发达，对食材的冷与热、生与熟以及同种食材的不同产地都讲究颇多。此外，在烹制的过程中对火候、时间等要素都有严格的控制。

四、中西方茶文化对比

（一）中国茶文化

茶是一种常绿灌木，属于山茶花科，茶的分布领域主要在中国的西南部以及印度北部。人们用水冲泡茶叶，制成一种独特的饮料，茶叶中含有的咖啡碱、茶碱等成分，可以刺激人的大脑和心脏，使人达到一种比较兴奋的状态，除此之外，茶还具有杀菌、利尿、加快新陈代谢的作用，对人体有较多的益处。[①]

茶文化最早出现在我国。传说，炎帝神农氏最早发现了茶树，并且用茶叶解了自己的毒，于是将茶作为一种药材推广开来，古书有"神农尝百草，日遇七十二毒，得茶而解之"[②]的记载。这是全世界至今发现的最早的关于茶叶利用的记载。如果按照这个时间进行推算，我国的茶历史已经有四千多年之久了。不过，茶的身份由药材转变为饮品是从西汉时期才开始的，三国至南北朝时期发展势头较盛，到了隋唐时期，饮茶已经成为国人的一种风俗习惯了。

中国是茶文化的孕育之地，公元5世纪起，中国的茶文化开始向世界走去。[③]中文里的"茶"字也被译为各种语言版本，基本上都是依照广东话"cha"与福建话"te"音译而成的。

茶是中国人喜爱的传统饮料，发展到今天，饮茶已经不再是一种单纯的物质享受，而是一种精神文化。茶文化体现了中国人安静优雅的生活情趣，丰富了人们的精神世界，拓宽了感官的体验。中国茶文化的内涵无比丰富，且具有独一无二的特质。

中国产出的茶品类众多，名茶荟萃，通常这些茶都以产地或功能为名。

（二）西方的茶文化

茶原产于中国，后经丝绸之路传入西方。英语中的茶叶是 tea，这一发音源于中国香港。西方最早的一部茶学著作就是英国人托马斯·肯特（Thomas Kent）于 1750 年所著的《茶经》，这本书详细地介绍了西方关于茶的种植、采摘、制作以及泡茶工艺等，对于西方茶文化的发展来说有着极其重要的意义。[④]

---

①　张景. 中国茶文化［M］. 天津：天津科学技术出版社，2018：18.
②　陈宗懋，杨亚军. 中国茶经［M］. 上海：上海文化出版社，2011：876.
③　刘艳霞. 中国茶道［M］. 合肥：黄山书社，2012：49.
④　李浩. 图解中国茶道全典［M］. 沈阳：辽宁科学技术出版社，2011：9.

英国人对茶非常喜爱，饮茶甚至成为英国重大活动中的重要环节。可以说，饮茶已经成为一项重要的、必不可少的仪式，连皇室都十分重视。当然，对于英国的平民来说，饮茶也是一项非常舒适的休闲活动，英国茶文化还将饮茶分为早茶、午茶和晚茶，人们还为饮茶搭配了许多美味可口的茶点。由此可见，饮茶已经是英国人日常生活的一部分，就如同吃饭一样重要。

德国的茶文化中有一个较为独特的饮茶方式，即"冲茶"，这种饮茶方式是将漏斗放在茶壶上，然后再在漏斗上放置一个金属制的筛子，这个筛子要极其细密，接着把茶叶放在筛子中，用烧开的沸水持续冲洗茶叶，冲洗过茶叶之后的茶水顺着漏斗流进茶壶中。① 冲茶方式制作出的茶水颜色较淡，符合德国人的饮茶口味习惯。除此之外，德国人还喜欢制作"花茶"，即把各种花瓣、果干等混在一起，冲泡而成，不过"花茶"中实则没有一片茶叶。

法国的咖啡比较闻名，饮茶文化也是一种风尚。法国人对于东方的茶文化非常感兴趣，巴黎就有许多带有东方色彩的饮茶场馆，不少法国人都热衷于饮茶。美国是著名的咖啡王国，但是仍然有约一半的人喜欢饮茶，茶叶在美国的销售量也非常可观。不过，有趣的是，美国人饮茶并不喜欢用热水冲泡，而是喜欢饮用凉茶，甚至加冰的茶，并且，他们的茶饮料大多是罐装的，其中还会添加糖、奶、咖啡等，很少即时冲泡茶饮。②

根据上述西方各国的饮茶习惯可以发现，虽然这些西方国家从中国引进了茶文化，但是他们并没有完全沿袭中国的饮茶风俗与习惯，而是将中国的茶文化与自己民族的饮茶习惯相结合，这促使茶文化更加丰富多彩，更具世界性。

五、中西方酒文化对比

酒可以称得上是世界性的饮料，在世界范围内都颇受欢迎。酒文化主要指人们围绕酒创造出来的、与酒有深入联系的物质产品与精神文化。③ 根据现代人类文化学的研究，在人类文明悠久的发展历史中，酒文化留下了浓墨重彩的一笔，并且这笔色彩至今仍然鲜亮。

（一）酿酒原料对比

由于地理环境、水质条件、气候条件、土壤土质的不同，不同地区生产出来的农产品存在很大差异，其盛产的产品种类也不同，这些农产品的品种、数

---

① 谷静敏，高雁南. 茶文化与茶艺［M］. 北京：国家行政学院出版社，2013：21.
② 杜莉，孙俊秀. 西方饮食文化［M］. 北京：中国轻工业出版社，2006：190.
③ 赵友斌. 中西文化比较［M］. 长春：吉林人民出版社，2017：232.

量、质量都有所差异。中西方在自然条件方面具有很大的差异，由于酒的制作大多是就地取材，因此中西方的酿酒原料也大有不同。西方文明的诞生地是希腊，邻近地中海，三面环海，冬季的气候比较温暖，降雨量较大，夏季气温较高，且降水少，较干燥，这里的土壤生产力并不高，不适合生产农作物，但是这种气候条件与土壤环境却非常适合种植葡萄。① 因为葡萄本身比较耐干旱，并且土壤的贫瘠可以促进葡萄向更深处扎根，从而生长得更好，结出更优质的果实。基于这种环境条件，西方人开始酿造葡萄酒，葡萄酒也逐渐成为西方酒文化的重要代表。西方酒品类中的葡萄酒、香槟、白兰地等都是用葡萄酿造而成的。

黄河是中华文明的孕育之地，黄河流域的气候比较温和，土壤生产力非常强，土质也很好，非常适合种植小麦、高粱等农作物，因此，该地区很早就成为世界农业中心之一了。基于这种环境条件，中国人也是就地取材，用富余的粮食酿造美酒，并逐渐形成了中国独特的酒文化。中国的酿酒原料有小麦、高粱、稻谷等，这些原料酿造出来的有代表性的中国酒有白酒、黄酒等。②

（二）饮酒文化对比

酒是一种饮料，是一种物质领域的文明，而饮酒就变成了一种精神领域的文明，饮酒文化是一个国家、一个地区的重要文化代表。如果说酿酒原料造成了中西方酒文化的不同，那么文化观念就是造成中西方饮酒文化不同的主要原因。

1. 中国饮酒文化

中国自古就被称为"礼仪之邦"，而这份礼仪在饮酒文化中也有所体现，中国饮酒文化中的礼仪主要体现在以下几个方面：

（1）中国的饮酒文化讲究酒德。孔子曾说："唯酒无量，不及乱。"③ 意思是说，人们的酒量各有不同，所以在饮酒时很难对饮酒的量进行硬性固定，判断酒德的标准就是在饮酒之后仍然能保持清醒的神志。

（2）中国的饮酒文化遵循长幼尊卑的秩序。中国饮酒文化十分注重饮酒的氛围与大家的情绪情感，倒酒时要"以满为敬"，就是要将酒杯倒满；喝酒时要"以干为敬"，就是要把酒杯中的酒一饮而尽。同时，敬酒还要按照一定的顺序进行，主人要先发起敬酒，其他人才可以开始敬酒。第一个敬酒的对象

---

① 杨妮，张馨月，辛瑞，常云霞. 中西传统节日与饮食文化比较研究［M］. 兰州：甘肃民族出版社，2015：384.

② 蒋雁峰. 中国酒文化［M］. 长沙：中南大学出版社，2013：63.

③ 陆庆和. 汉语交际与中国文化［M］. 苏州：苏州大学出版社，1995：195.

应该是酒桌上最尊贵的客人。晚辈与下级要率先向长辈与上级敬酒，在杯子相碰时要保持杯口低于上级、长辈。敬酒时还要讲一些敬酒词，多为夸赞和祝福。主人为了调动酒桌上的氛围，还会发起一些酒桌游戏，比如划拳、行酒令等。

中国酒文化还与文学艺术息息相关。中国文学历史上的许多文学大师都喜爱酒文化，也常常写出与酒有关的诗作，屈原、阮籍、杜甫等都是爱酒之人。其中最具代表性的两位饮酒文人，就是李白与张旭。酒可以在一定程度上激发作者的创作灵感，开阔作者的思维，打开人的想象力，帮助文人达到最好的创作状态。正所谓"李白斗酒诗百篇"，就是最动人的饮酒创作佳话。这些文人在喜爱酒文化的同时，还创作了大量优秀的文学作品，为中华文化的艺术发展增添了一缕缕酒香。①

说到中国酒文化，不得不提的就是酒令，这是中国酒文化独一无二的代表。自古以来，中国人就喜欢以酒代客、借酒交友。在遇到喜事或者节日时，人们会举办各种酒席宴请亲戚朋友，借此结交朋友，拉近彼此之间的距离，加深彼此的联系，增进感情。中国人喜欢热闹红火的聚会氛围，因此，发明了各种有趣的酒桌游戏，以此活跃气氛，增添聚会的乐趣，延长玩乐的时间，划拳、行酒令就是最具代表性的酒桌游戏。《红楼梦》中就有不少关于行酒令游戏的描写，充分展现了我国的饮酒文化。

中国酒文化中的酒令主要有以下几种：

（1）雅令。指比较文雅的酒令，通常雅令会囊括各种圣贤文书，也会包含诗词乐曲，甚至小说等。雅令的涵盖范围非常广泛，内容也颇为丰富，能够显示出行令人较高的文化品位与文化修养。②

（2）筹令。筹是一种令签，用筹行酒令即筹令。通常街市上会售卖这种令签，上面写着一些诗词语句，也标有饮酒的条件，人们在饮酒时可以抽取这种令签，抽到什么样的就按照上面的要求去做。筹令既有文艺知识的内容，也有趣味十足的游戏，便利可行，能够极大地活跃酒桌的气氛，深受人们喜爱。

（3）划拳。也称为猜拳，与前两种酒令相比，划拳相对通俗，没有那么多文艺元素。划拳的玩法是：两个人面对面快速出手，猜测对方的手指数，如果喊出的数字与两人手指数相合则获胜，输的人饮酒。这种酒令游戏可以使聚会热闹非凡。

---

① 侯红萍. 酒文化学 [M]. 北京：中国农业大学出版社，2012：213.
② 张长兴. 壶觞清酌 中华酒文化大观 [M]. 郑州：中原农民出版社，2015：134.

2. 西方饮酒文化

西方人在饮酒时，注重酒给身体感官带来的刺激与感受，他们喜欢用感官品酒，也会按照一定的顺序来饮酒，比如先品尝淡酒再品尝浓酒。在比较正式的宴会上，人们会按照开胃酒、主菜佐酒、甜点酒以及餐后酒的顺序来饮酒。①

西方饮酒文化偏爱温和的饮酒气氛，因此很少进行酒桌游戏，人们喝酒时气氛往往比较安静平和。

西方人倒酒时不会倒得过满，三分之二即可。敬酒往往在主菜吃完、甜点未上之前进行。西方饮酒文化中，敬酒要把酒杯举起来，与眼睛一样高，同时眼神要注视敬酒的对象，通过这种方式表达对敬酒对象的尊重。被敬酒的人不必一饮而尽，敬酒的人也不会有劝酒的习惯。

除此之外，西方饮酒文化还非常重视饮酒的酒具。人们为了让酒的香气完全舒散开来，让酒的状态达到最好，常常使用一些醒酒工具，为了充分欣赏酒的美丽，还会用漂亮精致的高脚杯盛装美酒。

中西方的酒文化历史都非常悠久，西方酒文化自几千年之前就出现了，并且在历史长河中不断发展，使自身的魅力延续至今。

西方酒文化中，鸡尾酒是极具代表性的美酒之一。在世界范围内，鸡尾酒也受到了人们广泛的喜爱。有两种鸡尾酒来源的说法非常有趣，一种说法是，约公元 13 世纪，法国一对父女创造了此酒；另一种说法是，美国独立战争使其，一群军官行至一间酒馆，但酒馆的酒已经卖完了，老板娘只好当即做酒，把各种剩下的酒掺杂在了一起，用随手捡到的鸡尾毛搅拌了几下就完成了。没想到军官们饮完之后居然给出很高的评价，认为这酒十分美味，还将其命名为"鸡尾酒"，鸡尾酒就诞生了。当然，这种说法我们无从考证，但是其中描述的制酒方法与饮酒文化确实与西方饮酒文化相符合。

正如故事所说，鸡尾酒确实是各种酒调制而成的，是一种混合酒（mixed wine），人们将两种或两张以上的酒相互掺杂，再加入果汁、香料或苦味剂等进行酿制，这样制作出来的鸡尾酒，观赏性极好，香气扑鼻，口味多变，可谓色香味俱全，能够带给饮酒人美好的体验。② 现如今，全世界的饮酒活动几乎都少不了鸡尾酒的身影，人们在聚会中尽情享受着鸡尾酒带来的美好感受，在酒意晕染下与人侃侃而谈，鸡尾酒文化也因此发展得更好。关于鸡尾酒的翻译有两种译法，一种是意译，即"混合酒"；另一种是直译，就叫鸡尾酒。这两

---

① 江丽容，刘首昌. 中西饮酒文化差异探析［J］. 中北大学学报，2010（4）.
② 陈莉. 中西旅游文化与翻译研究［M］. 北京：中国商务出版社，2018：246.

种译法相对比，意译能够体现该酒的制作工艺与主要特点，但是直译能够将其文化内涵表现得更加出彩，反而直译显得更加巧妙。

第二节　英汉社交习俗文化对比

一、英汉见面语对比

所谓见面语通常是指人们在不同场合遇见时所打招呼的话语。由于中西方文化存在较大的差异，因而二者的习俗表达也存在较大差异，英汉中的见面语也不同。

在中国，当人们遇到熟悉的或者认识的人时，通常都会主动和对方打招呼，亲切地问对方"你吃饭了没有呢"等话语，然而这种见面语使很多外国人疑惑，他们很难理解这种打招呼的方式。在英语中，熟人或者认识的人相遇通常都会问"What's the weather like?"或者"How do you do?"。

在汉语的习惯中，人们见面打招呼聊天时都喜欢问对方一些比较具体的问题来表达自己的关心，如人们在见面时询问对方的家庭生活、孩子的情况、工作的情况等，在中国询问这些都很正常，然而在西方人看来，中国人聊得这些问题都非常的隐私，不适合公开讨论。因此，我们要注意英汉这方面的差异，避免被人误解。

在汉语的表达中，人们见面打招呼经常说的话就是"吃饭了没有""吃的什么饭""你要去哪里办事"等，其实在汉语中，这几句见面语并没有什么特定的内涵，人们只是习惯于这样的打招呼方式，而不一定是要询问对方是否吃饭等。但是在英语的表达中，"你要去哪里办事"即"Where are you going?"这句话就已经有点窥探对方的隐私，而中国人见面常说的"你吃饭了没"即"Have you eaten or not?"在西方国家就很容易被对方误解，对方可能会理解成你想要请他吃饭，因而才会询问你是否已经吃饭。总之，译者在对英汉两种不同语言中的见面语进行翻译时，一定要采用不同的翻译方式灵活处理，不能一味地采用直译的方式。

二、英汉礼貌用语对比

英汉两种不同语言之间的差异还体现在英汉的礼貌用语上面，译者在翻译时，一定要熟悉中西方文化中礼貌用语的差别，从而准确翻译和传达原文的意思。在英语的表达中，人们使用频率较高的礼貌用语是："Excuse me""Please"等，而且这些礼貌用语没有限制使用对象，可以用在任何人的身上。但是在汉语的表达中，人们只有对领导、长辈以及不熟悉的人才会经常使用上述礼貌用语。通常在汉语的文化表达中，人们之间的关系越亲密，人们之间使用礼貌用语的频率就越低，因而译者在翻译时一定要考虑这种文化差异。[①]

另外，在中国的文化中提倡"尊老爱幼""孝敬父母"，因而在汉语的表达中我们经常能够看到人们对长辈的尊重，话语中也会经常使用"您……"或者"您老……"等表达，以示尊敬。然而在西方文化中，人们都希望永葆青春，话语中不喜欢听到"老"等字眼，因此在英语的表达中，人们很忌讳"old"以及"aged"等英语单词的出现。

三、迎客与道别对比

（一）迎客

受儒家文化的影响，中国人非常重视礼仪。当有尊贵的客人来访时，主人通常会出门远迎，在见面时会采用握手礼或拱手礼在一些较为庄重的场合甚至要行鞠躬礼。问候语也有很多。例如：

"欢迎！欢迎！"

"别来无恙？"

"与您见面真是三生有幸！"

"您的到来令敝舍蓬荜生辉。"

西方人除了在外交场合会出门远迎客人外，在一般的场合都没有这种习惯。此外，也多采用握手礼。在一些庄重的场合还要行拥抱礼或吻颊礼。问候语通常是"How are you?"或"Glad to see you again."

（二）道别

与迎客时相同，在道别时，中国人也常常会远送。客人和主人互说些叮嘱的话。最后，客人通常会说："请留步"，主人说："走好""慢走""再来"等。"送君千里，终须一别"就表达了主人与客人间依依惜别的情形。

而西方人在道别时并不会如此注重形式，双方示意一笑或做个再见的手势或说"Bye""See you later""Take care"即可。

---

① 黄玉虹. 汉语中敬语和谦语的语用翻译 [J]. 牡丹江教育学院学报，2009 (04).

四、致谢与答谢对比

（一）致谢

在接受他人的帮助或善意后要向对方致以感谢的话语。中西方在致谢时存在一定的差异。

中国人使用致谢语的次数远没有西方人频繁。在中国人的意识中，只有他人真正提供了重要而有意义的帮助和支持时，才需要表达谢意，并且是发自内心地真诚地感谢。在以下场合中是不需要表达谢意的。

（1）他人提供了其职责或义务范围内的帮助。如果这时对他人说谢谢，会使人感到难为情，因为这是他们应该做的，无须言谢。

（2）家人或亲密的朋友提供了帮助。父母与子女、夫妻之间、兄弟姐妹之间、亲密朋友之间，很少需要表达感谢，如果在这些关系之间使用"谢谢"，就会显得"见外"，显得关系疏远。

（3）在受到别人赞扬时不需要感谢。在中国，谦虚被认为是一种不骄傲，不自满，不狂妄的表现，因此受到称赞时，往往不用感谢。

但是，在西方国家，不论是什么关系，什么场合，多么细微的事情，都需说："Thank you"，这种感谢只是习惯性用语，并不表示多大的谢意。

（二）答谢

在受到别人的感谢时，常常需要答谢。这是一种礼貌的行为，能够维持良好的人际关系。

中国人在答谢时往往会说："不用客气""别这么说""过奖了""这是我应该做的"等，以表示谦虚的含义。但如果与西方人交往时这样回答"It's my duty"就违背了初衷，因为"It's my duty"的意思是：这是我的职责所在，不得不做的。

此外，中国社会还推崇的一种美德是"施恩不求报"，因此人们在答谢时往往推脱不受，对受惠者给予的物质回馈或金钱奖励也常常当场拒绝，实在无法拒绝而收下时也会说"恭敬不如从命"。

西方人对待别人感谢之词的态度与中国人有很大的不同，他们常常会说"Not at all." "It's my pleasure." "Don't mention it." 或 "You're welcome." 在收到物质回馈或金钱奖励时也往往高兴地接受，他们认为这是对自己善举的肯定和尊重。

五、宴请与道歉对比

（一）宴请

宴请是每个社会和群体中都存在的现象。在不同的文化、不同的习俗、不同的思维下，会产生不同的宴请方式。

1. 中国人的排场

中国人历来重视礼仪和形式，讲求礼尚往来，在受到别人的帮助后，出于感谢也会请客吃饭。宴席举办前会发请帖以示尊重和敬意。宴席之日，东道主会在门口亲自迎宾。宴席开始后，席间的客套话也是此起彼伏，如"感情深，一口闷""略备薄酒，不成敬意"等，主人向客人们敬酒，客人们回敬。此外，中国人十分好面子，重名声，因此宴席往往会尽力操办，追求气派。也因此，中国人的宴请往往有铺张浪费之嫌。

除了主人自备宴席外，还可以临时性请客。在结账时，为了表示礼貌和风度，也会争先恐后地"掏腰包"。

2. 西方人的情调

西方人在进行宴请前都会向客人发出电话或口头邀请，并将具体的时间、地点和活动内容等说明清楚，并要请求对方给予答复。例如：

Saturday evening, can you come?

Would you like to spend the weekend with us in the mountains?

他们认为没有说明时间、地点和活动内容的邀请就不是真正意义上的邀请，同时重视对方的回复。受邀者通常也会明确拒绝或爽快答应，并表示谢意。在拒绝别人的邀请时，首先要表示感谢，接着再表示歉意并说明原因。

西方人在安排饮宴时不像中国人那样讲排场，求面子，而是更看重饮宴现场的情调。他们会进行精心的布置，选择静谧温馨的，新颖奇特的或是热烈火爆的场所。饮宴的形式多以自助餐、酒会、茶话会等为主，客人们十分随意，没有过多的客套话，主人也仅会说一句"Help yourself to some vegetables, please."此后客人便可以自由吃喝。在饮宴结束离开时，也只是轻握一下手或点头示意即可。

（二）道歉

中国人在大局观念和整体意识的影响下，比较注重集体的和谐，因此为了不与他人发生冲突，"不将事情闹大"，常常习惯"大事化小，小事化了"，也因此在社会交往中不会产生大的冲突，道歉的次数也较少。此外，当遇到一些无法控制的行为时，如打嗝、打喷嚏、咳嗽等，也是不必为此道歉的，因为这是很正常的事情但是西方人的人权意识十分强烈，当个人的隐私、权益受到侵犯时就会常常发生冲突，因此道歉的次数比中国人要多得多。当打嗝、打喷嚏、咳嗽时，也会马上说一句"Excuse me."为自己的失礼而抱歉。

六、赠送与接受对比

（一）赠送

中国人的人情观念十分强烈，因此中国社会可以称得上是"人情社会"。中国人在赠送他人礼物时往往看重礼物的金钱价值，用价值的高低衡量礼物的贵重与否。而西方人更看重礼物的人文价值，即蕴含在礼物中的情谊、心意。有时一张简陋的贺卡也能成为贵重的礼物。

（二）接受

中国人在接受礼物时常常会推脱一番，连声说：
"哎呀，不用送我礼物啦!"
"还送礼物干什么呀?"
"真是不好意思，让你破费。"
"下不为例哟。"
在收到礼物后，也会先放在一旁，等赠送者走后再打开。
而西方人收到礼物，则会很开心地接受，当面打开，并表示谢意：
"Wow! Very Beautiful!"
"Thank you for your present."
总结来说，中西社交文化存在很大的差异，这些差异会在日常交际语言中有所体现。在英语听力教学中不可避免地要涉及社交文化，因此了解中西社交文化差异对提高学生听力水平具有重要的意义。

第三节　英汉称谓习俗对比

一、英汉亲属称谓词对比

通常称谓是用于表示和反映人和人之间的关系，无论是在英语的文化中，还是在汉语的文化中，称谓都是一个非常重要的部分。称谓一共有两种不同的类型，一种是亲属称谓，理工一种是社会称谓。对于亲属称谓而言，在汉英两种不同的语言中，同一个亲属称谓概念有不同的使用范围。在实际生活中，如果没有一定的语言环境，亲属称谓往往就比较难以理解和翻译。①

在汉语的表达中，每个亲属称谓我们都是区分的特别清楚，如哥哥和弟弟由于年龄的差异是不同的，姐姐和妹妹也是不同的，然而在英语的表达中，brother 这个单词的含义很广泛，它不仅指的是哥哥，也只弟弟，同样地，sister 这个单词的含义也是既可以指姐姐，也可以指妹妹，没有明显的区别。因而译者在翻译时，如果结合特定的语境，译者是很难准确翻译这些亲属称谓的。在例句 "Tom's brother helped Joe's sister." 中，译者就无法判断 "brother" 和 "sister" 的具体含义。在英语中，"cousin" 这个词的意思也是非常丰富的，把它翻译为汉语，可以译为 "表哥、表弟、堂哥、堂弟、表姐、表妹" 等称谓。

在英语中，亲属称谓往往比较简单和模糊，它属于类分式系统，而在汉语中，亲属称谓都比较具体，它属于叙述式系统。

在英语的表达中，其亲属称谓是属于类分式系统。这就是说，在西方文化中，亲属称谓一般都是按照家庭成员中的辈分来进行划分的，在英语中，一共存在五种最基本的血缘形式，这五种形式分别为：（1）兄弟姐妹；（2）父母；（3）祖父母；（4）子女；（5）孙儿孙女。其中，在上述每一个等级中，除了包含各个等级中的亲属，还包含该等级亲属的各种从表兄弟姐妹之属。②

由此可见，在英语的亲属称谓中，只有上述五个等级中的兄弟姐妹、父母、祖父母、子女、孙儿孙女这几个亲属名称在英语中是有具体的称谓，其他的各类亲属则没有明确的、具体的称谓。例如，在英语中，在父母这个等级中，父亲和母亲是有专门对应的亲属称谓，即父亲为 father，而母亲为 mother，而父母的兄弟以及表兄弟、堂兄弟等都没有具体的称谓，统一用单词 "uncle" 表示，因而在英语中，"uncle" 的意思非常丰富，既可以指叔叔、大伯等，也可以指舅舅、姑父等。

在我国汉族文化中，常常被采用的是叙述式亲属称谓制度。处于这一制度下的亲属称谓包括两个方面的内容：其一，血亲及其配偶系统；其二，姻亲及其配偶系统。血亲是以血缘为基础而产生的亲属关系；姻亲是以婚姻关系为中

---

① 顾菊华，李绍芳. 对英汉亲属、社交称谓差异及其文化背景的研究 [J]. 楚雄师范学院学报，2008（10）.

② 白靖宇. 文化与翻译（修订版）[M]. 北京：中国社会科学出版社，2010：142.

介而发展起来的亲属关系。正是由于血亲和姻亲之分，我国汉族的亲属称谓非常多。这些不同的称谓不仅直接表现了尊卑、长幼关系，而且对于直系和旁系的亲属关系、父系和母系的亲属关系也做出了区分，具体如下所述。

1. 辈分的区别

在汉语当中，亲属称谓能够表现出辈分的差异，称谓的不同显示出辈分的区别。总的来说，我国现代汉语的亲属称谓主要有 23 个，分别是祖、孙、父、母、子、女、兄、弟、姐、妹、伯、叔、舅、侄、甥、姨、姑、嫂、媳、岳、婿、夫、妻。从这些称谓中，我们可以很明显地发现辈分上的区别。

2. 同辈之间长幼的区别

在汉语中，亲属称谓还能够体现出同辈亲属之间的长幼顺序，称谓不同，长幼顺序也就不同。例如，在古代社会中，妻子称呼丈夫的哥哥时有"伯""兄伯""公"或"兄公"这些称谓，称呼丈夫的姐姐有"女公"的称谓，称呼丈夫的弟弟有"叔"的称谓，称呼丈夫的妹妹有"女叔"的称谓。

在现代社会中，亲属称谓中的哥哥、姐姐、弟弟、妹妹、嫂子、弟媳等也都是有非常明确的区别的。

但是，英语中同辈之间的称谓则没有长幼的区别。例如，brother, sister, uncle, aunt 等称谓都体现不出长幼的区别。在英语中，哥哥和弟弟都是 brother，姐姐和妹妹都是 sister，嫂子和弟媳都是 sister-in-law，堂哥、堂姐、堂弟、堂妹、表哥、表姐、表弟、表妹都是 cousin。由此可见，在表现同辈之间长幼的区别时，英语称谓远不如汉语称谓具备优势。

3. 父系和母系的区别

汉语中同辈亲属之间的称谓能够非常明显地体现父系亲属和母系亲属的区别。例如，伯伯、舅舅，姑姑、姨妈，侄子、外甥，堂哥、表哥等。人们一看到这些称谓，就会很自然地指导说的是父系的亲属，还是母亲的亲属。

但是，在英语中，亲属称谓则没有父系亲属和母系亲属的区分。例如，英语中的伯伯、叔叔、舅舅、姑父、姨夫都是 uncle，姑姑、姨妈、舅妈、伯母、婶婶都是 aunt，祖父、外祖父都是 grandfather，祖母、外祖母都是 grandmother，伯祖母、叔祖母、姑婆、舅婆、姨婆都是 grandaunt，伯祖父、叔祖父、姑公、舅公、姨公都是 granduncle。这与汉语中区分明确的亲属称谓有非常明显的差异。

4. 血亲和姻亲的区别

血亲是以血缘关系为基础的，姻亲则是以婚姻关系为基础的。汉语中的亲属称谓有明显的血亲和姻亲的区分。例如，哥哥、弟弟是血亲，姐夫、妹夫则是姻亲；姐姐、妹妹是血亲，嫂子、弟媳则是姻亲。

但是英语的亲属称谓中，血亲和姻亲是没有分别的。例如，英语中的婆婆和岳母都是 mother-in-law，岳父和公公都是 father-in-law。

5. 直系和旁系的区别

汉语称谓中对于支系亲属和旁系亲属的区别也非常明显。例如，父亲是支系亲属，伯伯、叔叔是旁系亲属，女儿是直系亲属，侄女、外甥女是旁系亲属。

但是，英语成为中则没有支系亲属和旁系亲属的区分。

二、英汉社会称谓词对比

语言中的社会称谓是一个社会伦理制度的反映，它要受到社会制度和伦理规范的制约。中国素有"礼仪之邦"的美誉，自古就非常重视社会礼仪，而西方则追求独立、平等，是一个倡导自由和民主的社会。这种差异直接造成了中国与西方在社会称谓方面的差异。中国的社会称谓制度长期受封建宗法制度的影响，因此表现出非常明显的等级性，且称谓多种多样。而西方的社会称谓制度受基督教神学思想的影响，等级性并不明显，而且比汉语成为要简单得多。[①]

（一）拟亲属称谓词

在中国社会中，人们对于一些没有亲属关系的人，也会常常使用表示亲属关系的称谓。这种称谓是对亲属亲属称谓词的模拟，使原来的称谓词的用法产生了变化，所以叫作拟亲属称谓词。

通常情况下，人们使用拟亲属称谓词可以缩小谈话双方之间的心理距离，使彼此的关系更加接近，也能够使对方产生被尊重的感觉，从而对自己形成良好的印象。

在所有的亲属关系中，父母是最亲近的。在汉语中，对于和自己父母年龄相近的长辈，人们通常会称为"大伯、大娘、大叔、大婶"；对于与自己父母年龄相近的女性保姆，人们通常会称为"阿姨"。这些称谓语在汉语中都是非常常见的，但是，再翻译成抑郁是，就会面临很大的困难。例如，如果将"张大娘"直接翻译为"Aunt Zhang"，西方人往往很难理解这个"Aunt Zhang"同讲话者的关系。这是因为，在西方社会文化中，人们对于没有亲属关系的人通常是称呼姓名或者先生、女士、夫人等。因此，对于汉语中的"Aunt Zhang"，应当翻译为"Mrs. Zhang"，这样一来，西方人就比较容易理解

---

① 李晓娟. 英汉称谓语的差异及其原因 [J]. 语文学刊，2009（05）.

了。对于其他此类的称谓语，翻译是也应当采用这种方式。

除了最亲近的父母之外，比较亲米的亲属关系就是兄弟姐妹。在中国文化中，一些不存在亲属关系的人通常以兄弟姐妹的称谓来称呼彼此，目的在于拉近彼此的距离，增进彼此的感情。例如，人们常常将与自己年龄相仿的男性称为"大哥"或"兄弟"，将与自己年龄相仿的女性称为"大姐"或"妹子"。在一些城市青年群体中，也常常采用"哥们儿"或"姐们儿"的称呼。但是，在将汉语翻译成英语时，如果直接将"哥们儿"翻译为 brother，则会使西方人很难理解其中的含义，因为在西方文化中，同辈的人之间通常是用姓名来相互称呼的。

（二）汉语中敬称与谦称

自古以来，中国便深受儒家传统文化的影响，这导致中国人的观念中一直存在一种卑己尊人的礼仪思想，但是英美文化中却不存在这种思想。所以，中国的词汇中具备相当多的敬辞和谦辞，而英语中却没有。例如，中国人在询问对方姓名时所使用的"贵姓""尊姓"以及在回答时所使用的"敝姓"，在英语中都只有一个词汇，即"name"，这就非常明显地体现了中国文化与英美文化之间的差异。汉语中常见的谦辞和敬辞主要有以下几种类型。

（1）称对方的父母（敬称）：令尊、令翁、尊大人、尊侯、尊君、尊翁

称自己的父亲（谦称）：家父

（2）称对方的母亲（敬称）：令堂、令慈、尊夫人、尊上、尊堂、令母

称自己的母亲（谦称）：家母

（3）称对方的妻子（敬称）：太太、夫人、令妻、令正、贤内助

称自己的妻子（谦称）：妻子、爱人、内人、贱内

（4）称对方的兄弟姐妹（敬称）：令兄、令弟、尊兄、尊姐、令妹

称自己的兄弟姐妹（谦称）：家兄

（5）称对方的儿子和女儿（敬称）：令嗣、令郎、令子、令爱

称自己的儿子和女儿（谦称）：犬子、小女

第四节 英汉服饰文化对比

一、服装造型比较

一些人认为服装的造型就是服装的式样或服装的款式。事实上，造型和式样是不完全相同的，二者之间既有区别又有联系。通常情况下，服装的造型是指服装的外形轮廓，主要着眼于服装的整体，如现代比较流行的宽松式的 H 型服装或紧身式的 X 型服装等；而服装的式样不仅包括服装的外形轮廓，还有服装的内部衣缝和组合。因此，可以说造型是从属于式样的。下面就来了解一下中西方服装的造型。①

（一）西方服装的造型

1. 结构方面

有人将中国的传统服装比喻成平面的绘画，而将西式服装比喻成立体的雕塑，这种比方大体是对的。中式服装侧重于平面的二维效果，而对侧面结构的设计不够重视。西式服装讲究服装的三维效果，追求与人体结构特点以及人体运动规律的适应性，穿着起来既合体又实用，因此西式服装在全世界范围内普遍受欢迎。

从局部结构来看，西方服装的祖领和轮状褶领设计在服装中运用广泛。轮状褶领的制作工艺是先为布料上浆，然后经过熨烫，最终形成连续的褶裥，偶尔会用细金属丝做支撑。西方服装在造型上偏好填充物的使用，用它来衬垫或支撑，如垫肩、垫袖、垫胸、垫臀、裙撑等。南于西式服装是装袖，所以肩饰的造型可以多种多样，而且袖子款式也很丰富，如半腿袖、主教袖等。

2. 外形方面

西方古典的服装强调横向感觉，常采用横向扩张的设计特点，注重肩部的轮廓，以及各种硬领、轮状领，袖型很膨胀，裙撑较为庞大，加之重叠的花边以及浆过的纱料和各部位的衬垫，使服装在线条上给人一种夸张和向外放射的感觉。西方服装这种外形特点是与西方人的性格及外形特点相适应的。西方人通常比较热情奔放，脸部轮廓起伏明显，体型也比较高大挺拔，故服装都比较夸张。

① 刘玉昌. 英汉服饰习语文化镜像透视［J］. 宁波广播电视大学学报，2010，8（03）.

3. 装饰方面

西式服装为了表现三维效果，采用了立体式的结构设计。装饰在造型上为了适应整体结构，也追求空间感和立体感，主要通过借助一些立体物，如荷叶边、穗饰花结、褶裥、金银丝带、切口等来装饰服装的表面。在最开始，花朵、花边等在服装表面的装饰很少，在丰富表面效果上作用很小。到了洛可可时期，一些礼服甚至采用大量立体花堆砌而成。西式服装选择立体装饰的精彩之处有两个：一是为了与立体结构造型相呼应，需要采用立体装饰，才能达到天然协调的效果；二是为了符合审美心理。

众所周知，平铺直叙的服装设计呈现的是一个一览无余的表面，这很容易给人一种单调的感觉，但是虚实搭配、重叠穿插、层次丰富的表面空间很容易激起观赏美感，达到耐人寻味的效果。西式服装上的纹饰以规则骨式构成的菱花纹、石榴纹为主，色彩艳丽、造型饱满，且布局很对称。西方服装对颈、胸、袖口的装饰很看重，花边和刺绣图案很丰富，且以写实图案为主。西式男装的配饰物以帽子和步行手杖最为常见，而西式女装则多将珍珠、钻石等珠宝作为服装的配饰，且帽子、手套也是不可或缺的。

（二）中国服装的造型

中国的传统文化强调均衡对称和统一协调，是一种和谐文化。这一点也体现在中国服装的造型上，中国服装以规矩、平稳为美。同时，中国传统文化也是一种隐喻文化，艺术更偏重抒情性，这一点在服装上的体现就是服装构成要素的精神寓意和文化品位。一般而言，中国服装造型的特点在以下几个方面表现最为明显。

1. 结构方面

中式传统服装如袍、衫、襦和褂等大多采用平面直线裁剪方法，没有起肩和袖窿部分，只有袖底缝和侧摆相连的一条结构线，结构简单舒展，整件衣服可以平铺于地。从局部结构特点来看，中式服装的对开 V 领、直立领、斜交领、衣服下摆两侧开衩，以及衣服的对襟、大襟、琵琶襟等都具有浓郁的东方特色。中式服装的这些特点也经常被设计师用来表现中国服装的趣味，其中以中式立领和衣服下摆两侧开衩最为典型。

2. 外形方面

传统的中国服装讲究纵向的感觉。服装从衣领开始自然下垂，对肩部不做夸张，衣袖一般长到过手，袍裙呈筒形，衣服多采用下垂的线条，纵向的装饰手法，使人体显得修长。受古代中国的影响，亚洲许多国家的服装也有此特点。清代的服装比较肥大，袖口、下摆都向外扩张。但是清代妇女的服装却显得比较修长，服装的旗髻很高，加上几寸高的花盆底鞋，使旗人与历代妇女相比显得高挑。传统中国服装的这一外形特点弥补了东方人较为矮小的身材，在感官上产生视错觉，给人一种修长感，从而在身材比例上达到完美、和谐。修长的中式服装使男性显得清秀，女性显得窈窕。同时，平顺的服装外形也和中国人脸部较柔和的轮廓线条相适应。

3. 装饰方面

中式服装受平面直线裁剪的结构特点影响，装饰以二维效果为主，强调平面装饰。装饰手段上也具有明显的中国传统性，包括镶、嵌、盘、滚、绣等工艺。在这些工艺手法的帮助下，中式服装的纹样色彩斑斓，造型更加简练，美不胜收。在众多装饰手法当中，刺绣是最常见的，用它来装饰服装的表面空间，尤其是精妙绝伦的刺绣工艺与丝绸面料相搭配，更是使服装充满了东方风韵，让人赞叹不已。除刺绣外，镶、滚等装饰工艺在中式服装中也较为常见。

中式服装的图案多以代表古代文人精神理想的植物为主，如梅花、兰花、松树、菊花等，因此在一些文人士大夫的服装上很容易找见这些图案。寓意图案、谐音图案、吉祥文字图案等是明代之后才出现的装饰图案，后来被广泛认可，一直延续至今。中式服装的装饰物很多，其中玉是最为人们喜爱的饰物，经常与内涵丰富、寓意深刻的"中国结"搭配，装饰在腰部。

二、服装颜色比较

(一) 西方服装的颜色

从某种程度上来说，一个民族对颜色的喜好反映了这个民族潜意识的性格特征。[①]

(1) 西方国家在罗马时代比较流行的服装颜色是白色和紫色。白色代表纯洁、正直、神圣，紫色代表高贵和财富。

(2) 欧洲文艺复兴以来明亮的色彩受到人们的欢迎。英国人将黑色视为神秘、高贵的象征，法国人喜欢丁香色和蔷薇色，而西班牙人则崇尚高雅的玫瑰红和灰色调。

(3) 现代社会的人们比较注重服装颜色的视觉效果，常常根据自己的喜好来决定服装的颜色。服装颜色的选择不受地位、等级、阶层的影响，体现了西方人崇尚平等、自由的个性。

---

① 王贵. 论服饰色彩文化中的尊卑观念 [J]. 求索, 2015 (02).

（二）中国服装的颜色

在上古时代，黑色被中国的先人认为是支配万物的天帝色彩。夏、商、周时期天子的冕服均为黑色，后来随着封建集权制的发展，人们把对天神（黑色）的崇拜转向对大地（黄色）的崇拜，于是形成"黄为贵"的传统观念。另外，中国传统服装色彩深受阴阳五行学说的影响，有青、红、黑、白、黄五色之说，这五种颜色被定为正色，其他颜色则是间色。正色多为统治阶段专用，在民间也是人们衣着配色所喜爱和追求的颜色。明显的阶级性和强烈的等级观念是中国服装色彩的鲜明特点。一方面，某种颜色一旦被皇家看重，普通大众就不得使用，否则轻者杀身，重者株连九族。另一方面，若某种皇族专属的色彩可以为民间所用，则这种色彩立即被视为卑贱的色彩。

三、代表服装比较

（一）西方代表服装

牛仔裤是西方最具有代表性的服装。牛仔裤最早出现在美国西部，是以靛蓝色粗斜纹布为原料的直裆裤，主要特点是裤腿窄，缩水后紧包臀部。在现代社会，我们经常会看到很多经过改版的牛仔裤，这些牛仔裤风格迥异、款式夸张，充分体现出西方人敢于张扬个性、我行我素、标新立异的性格特征。在他们看来，服装是一个人社会价值的体现，服装的作用在于"自我表现"，所以穿着服装就是为自己而穿。此外，牛仔裤简单实用，不论男女老少都可以穿，这也体现了美国的实用主义和平等观念。如今的牛仔裤已遍及全球，它在所到之处传播着西方"个人本位"的价值观。

（二）中国代表服装

近代中国服装最有代表性的莫过于中山装。中山装由孙中山先生设计，出现于20世纪20年代。孙中山先生将他的救国救民思想以及中国传统文化巧妙地融合到服装中，体现出中国人在着装方面对精神和意义的追求。具体来说，中山装表达了以下一些思想。

（1）门襟五粒纽扣表示行政、立法、司法、考试、监察五权分立。

（2）袖口三粒纽扣代表三民主义，即民族、民权、民生。

（3）前身四个口袋表示国之四维，即礼、义、廉、耻。

（4）后背不破缝，象征国家的和平与统一。

（5）衣领定为翻领封闭式，显示严谨治国的决心。

中山装综合了西式服装与中式服装的特点，既表现对称之感，符合中国人的审美习惯，又显得精练、大方、简便。儒家思想注重人的自身修养，认为统治者要仁政爱民，做人要讲究礼仪，中山装正是中国传统哲学思想的真实写照。

第五章　英汉社会文化对比

　　英语和汉语是两种不同的语言，有着不同的文化背景和内涵。英汉语言及文化差异研究对英语教学和翻译教学都起着举足轻重的作用。本章主要从英汉数字文化、价值观文化、色彩文化、典故文化、居住文化、婚丧文化、节日文化七个方面对英汉社会文化进行对比研究。

第一节　英汉数字文化对比

一、英汉数字文化观形成的原因

（一）心理方面的原因

　　西方人认为，上帝建构了数字，将数字视为人与神对话的语言，因此十分崇拜数字。[①]

　　在中国传统文化中，"伦理道德"思想与"天人合一"思想始终贯彻其中。中国人注重教化、和谐以及现实。因此，在中国人看来，数字是从现实中抽离而来的，并非单独存在的。

（二）地域方面的原因

　　在地域环境方面，西方人主要生活在以海洋性气候为主的环境中，气候变化多端。这样的气候特征使西方人的生活流动性很大，逐渐形成了独立性、抗争性的民族性格。这一点对数字产生的影响是，西方人在数字使用的过程中，

---

① 彭玺. 英汉语言对比与翻译的结合研究［J］. 魅力中国，2018（34）.

通常首先考虑数字的精确性与严谨性，这样语义整合就被放在了语言的表层。

与西方民族不同，汉民族早期主要在中国的"中原"地区生活，是内陆性气候，主要从事农业活动。受这样的环境影响，中国人注重感性，忽视逻辑推理，在语言中的体现就是语言具有直观象形的特点。

（三）谐音与书写方面的原因

在英语中，数字谐音不是很常见。而在汉语中，谐音文化十分丰富，在数字方面表现尤为明显。例如，数字"八"与"发"谐音，寓意可以发财。由于谐音给数字赋予了特殊的意义，人们通过数字来表达对一些渴望得到的东西的追求。

英国人认为，数字 0 与 ok 相似，因此将该数字联想为赞许、认同。但是，中国人却认为数字 0 形状与鸭蛋相似，具有贬义颜色，通常表示挖苦之意。

二、英汉数字文化的差异

（一）one——一

英语 one 对应的汉语数字是"一"，二者的意义既有相同的地方又有不同的地方。具体体现在如下几个方面。

（1）数字 one 与"一"均表示"同一""统一""一致"。例如，英语中的 at one（完全一致），one and the same（同一个）等；汉语中的"天人合一""万众一心""同一个世界，同一个梦想"等。

（2）数字 one 与"一"均表示"少"。例如，英语中的"One flower makes no garland."（一朵花做不成花环），"One and only."（绝无仅有）等；汉语中的"一针一线""一笑千金"等。

（3）数字 one 与"一"的文化内涵也有不对应的时候。英语 one 不能与其他词搭配使用，但汉语中"一"可以与其他词搭配并产生新的意义。例如，"一针见血"（hit the nail on the head）、"一见钟情"（to fall in love at the first sight）。

（二）two——二

two 对应的汉语数字为"二"，它们均可以表示数字"两个"。但是，二者也有着不同的文化内涵。

在英语文化中，two 并不是一个吉利的数字。传说中，每年的第二个月份的第二天对普路托（Pluto，冥王，阴间之神）来说是一个神圣的日子，所以这一天被人们认为是不吉祥的日子。在现代英语中，two 除了带有一定的中性含义外，还会包含一定的贬义色彩。例如：

Two heads are better than one.

两个总比一个强。

然而，在汉语中，"二"除了代表具体的数字外，几乎没有其他引申含义。在实际的生活中，"二"多作为一个名词的构成成分来使用。例如，"二锅头""二傻子"等。数字"二"之所以不被重用，是因为人们更习惯用"双""两"来代替"二"。例如，"双喜临门""两叶掩目"等。

（三）three——三

在西方文化中，three 是一个表达完美的数字，象征着吉祥与圣洁。这一意义主要来源于基督教所提倡的圣父、圣子、圣灵三位一体的宗教文化。在西方传统文化中，与数字 three 有关的传说、事件和理论有很多。例如：人性三要素（肉体、心灵、精神）、自然三要素（动物、植物、矿物）等。

在日常生活中，人们也将 three 视为一个吉利的数字，认为这一数字可以带来好运。例如：

All good things go by threes。

一切好事以三为标准。

除此之外，英语中的 three 也可以引申出不同的含义。例如：

three sheets in the wind 醉得东倒西歪

汉语中的"三"是奇数，也是阳数。在中国文化中，"三"被视为是一个吉祥之数。由于中国古人认为，宇宙是由"三维"所构成的，因此汉语中，教有"三教"（儒教、道教、佛教），祭祀有"三牲"（牛、羊、猪），礼教中有"三纲"（君为臣纲、父为子纲、夫为妻纲）等。

在日常生活中，人们认为，"三"为满，如过去、现在、未来；开始、进行、结束等。

（四）four—四

尽管 four 在历史上有着诸多含义，但从根本上说其所表达的还是以物质世界的构成要素为主的。例如，古希腊文明将世界构成的要素描述为：土（earth）、水（water）、气（air）和火（fire）。并且，西方文明还认为地球有四个角落（the four corners of the earth）此外，在政治领域，最著名的是美国前总统罗斯福提出的"四大自由"：言论自由（freedom of speech）、信仰自由（freedom of worship）、不虞匮乏的自由（freedom from want）和免于恐惧的自由

（freedom from fear）。

在汉语文化中，"四"则有着不同于英语 four 的内涵。在中国传统文化中，"四"表示一个整体且完整的概念，象征着周全、平稳、安定、昌盛。但是，由于"四"与"死"构成谐音，所以汉语中的阿拉伯数字 4 被看成是不吉利的数字，是不受欢迎的。

（五）five——五

西方国家的人们通常将 five 视为一个不吉利之数。这与宗教因素有很大的关系。根据圣经记载，耶稣受难日是星期五，因此 Friday 象征着"厄运"，亦被称为"黑色星期五"。英语中与 five 相关的表达也往往具有贬义，如 the Fifth Column 指"被敌军收买的内奸"。

在中国文化中，"五"是一个富有神秘色彩的数字。"五"位于"一"至"九"的数字中的正中间，因而《易经》中称之为"得中"。这符合中华民族所提倡的中庸之道。因此，人们将其视为和谐的象征。例如，汉语中下列说法：

五伦（君臣、父子、兄弟、夫妇、朋友）。

在中国文化中，人们还经常用与"五"有关的词语来描述人体外表、动作以及心理。例如，"五官端正""五体投地""五短身材"等。①

（六）six——六

six 在英语文化中有着双重含义。但是，在当今的语言使用中，其多表示不好的意思。例如，666 是魔鬼的数字，圣经中代表可怕的邪恶。再如：

six penny 不值钱的

相反，在汉语文化中，"六"是一个时空和谐数字，人们经常会说"眼观六路、耳听八方"，这里的"六路"又称"六合"，分别指前、后、左、右、上、下，或者指天地四方。"六"是中国人最喜欢的一个数字之一，它被认为是一个吉祥的数字，如"六六大顺"。

（七）seven——七

在西方，人们十分崇尚数字 7。他们认为，seven 这一数字是神圣的，充满魔力的。根据《圣经》记载，上帝用六天的时间来创造天地日月、人类动物、世间万物，第七天休息，因此一周为七天。在古时候，西方人将日、月、

---

① 张镡月. 英汉语言对比分析研究进展［J］. 校园英语，2018（34）.

金星、木星、水星、火星、土星七个天体与神相联系，对西方文化影响重大。

此外，由于英语中的 seven 与单词 heaven 在拼写与读音上非常接近，因此西方人赋予 seven 积极的内涵，认为其象征着快乐与幸福。因此，英语中与 seven 相关的表达多含有褒义。例如：

The Seven Virtues 七大美德

在中国文化中，"七"是一个具有神秘色彩的数字。例如，人有"七情"：喜、怒、忧、思、悲、恐、惊；光有七谱：赤、橙、黄、绿、青、蓝、紫。

但是，需要注意的是，数字"七"通常表示消极的意义。因此，在中国，人们在选择良辰吉日时往往尽量避开带有"七"的日子；吃饭时，人们桌上的菜一般也不会是七盘。这主要与中国人崇尚偶数、圆圆满满存在很大的关系。此外，人们还习惯将"七"这一数字与死亡联系起来，人死后的七天被称为"头七"。

在汉语中，"七"常常与"八"连用，用来表达"杂乱；多而无序"，如"七嘴八舌""七零八落""乌七八糟"等。

（八）eight——八

eight 在西方文化中并没有什么现实的意义，也不具有相应的文化关联性，而是常与其他词汇一起构成短语。例如：

behind the eight ball 穷途末路，处于不利地位

在汉语文化中，"八"是一个非常受欢迎的数字，因为它与"发（财）"谐音，代表着财富、美好和富足。

（九）nine——九

在英语中文化中，nine 也是一个神秘的数字。在西方文明中，nine 有很多宗教与历史意义，所以现代英语中的 nine 多用来表示众多、完美、长久等意思。例如：

be dressed up to the nines 盛装出席

ninety-nine times out of a hundred 几乎没有例外

与"八"一样，"九"也是一个谐音吉祥词。在现代汉语中，人们常将"九"与"久"联系在一起，代表天长地久。

另外，"九"是汉语数字一至九中最大的阳数，也是"三"的倍数，被视为天数。例如，"九牛一毛""九死一生"等。又因为"九"是龙行（在中国古代，数字"九"即为龙）的图腾化文字，天有九层，九重天是天的最高处，由此演化出神圣之意，享有独特的尊贵位置。古代帝王也通常被称作"九五之尊"。

（十）ten——十

在英语文化中，ten 与汉语中的"十"有相似的文化意象，即表示圆满。西方的毕泰戈拉哲学派认为，"十这个数目是完满的，包括了数目的全部本性"。因此，英语中在表示数量夸张时常用十的倍数，这也就是为什么 ten thousand 在英语中如此常见的原因。

在汉语中，数字"十"象征着圆满、完整、吉祥，因此颇受中国人的喜爱。汉语中有很多与"十"有关的表达都是这层含义，如"十足""十全十美"等。

可以说，数字"十"是中国人民族性格的一个重要组成部分。例如，北京有"十里长街"，南京有"十里秦淮"，上海有"十里洋场"，花有"十大名花"等。

第二节　英汉价值观文化对比

一、英汉伦理道德文化对比

英汉文化中的伦理道德观念差异主要体现在长幼尊卑的观念上。由于中国长期受儒家"长幼尊卑"观念的熏陶，各种亲属和社会关系都有着严格的界定与区分。而西方国家对此却没有太多要求。亲属关系的差异主要体现在五大方面，包括行辈差异同辈长幼差异父系母系差异、血亲姻亲差异、直系旁系差异。英汉伦理道德除了涉及亲属关系的问题，还与社会关系有关。下面就对英汉社会的观念进行对比，英汉社会观念差异具体包括如下几个方面。

（一）西方人的求变心态与中国人的求稳心态

西方人更倾向于求变心态。事物始终是变化发展的，这里的变化主要表现为：不断打破常规。因此，西方人向来不满足于已取得的成就，也不执着于传统的秩序，更不甘愿接受各种条件上的限制。西方人特别看重变化、改善、进步、发展与未来，他们认为没有变化就没有进步，没有创新就没有成就，没有发展就没有未来。因此，整个西方社会都充满了打破常规、不断创新的精神。

中国人普遍存在求稳心态，这是因为群体与个体相比，"变"和"不变"受到限制，中国人不会轻易改变心态。受儒家中庸哲学思想的影响，中国人习惯于在一派和平景象中"相安无事""知足常乐"。求稳心态已深深地扎进了中国人的心中,中国社会也在这种"求稳"的观念下取得了进步,大家(国家)与小家(家庭)都基本达到了和谐稳定。

(二)西方人的个人取向与中国人的群体取向

在西方,个人取向特别明显。西方的个人取向价值观可以追溯到文艺复兴时期,而个人主义得到充分发挥应该源于 17 世纪英国哲学家洛克为代表的西方哲学传统之中。西方的哲学家们更加明确地指出,社会制度产生于社会秩序建立之前的为个人利益而行动的个体之间的交往之中,这一个人本位的观点对早期美国社会发展影响很大。

在西方人看来,个人主义还体现在追求个性、差异上,人们的行为、言论、思想都要力争与众不同。差别化总会受到赞赏;,而保持一致则是个体人格丧失的表现,因此,西方人都喜欢独辟蹊径,标新立异;他们更加追求个人享受,放任个性的发展;他们不满足于物质利益的享受,还注重对个人意志、自我实现的追求。

西方人追求个性从英语合成词中就可以看出,如以 self(自我)为前缀的合成词有 self-abased/contempt(自卑的),self-abnegation/denial(自我牺牲),self-affected/conceit(自负的,顾影自怜的),self-defeating(弄巧成拙的),self-reproach(自责)等。

当然,西方人的个人主义也存在一些缺陷,如淡漠亲情,过分强调自我利益、我行我素、以自我为中心等。

中国是一个典型注重群体的国家。在处理个人与集体或环境的关系时,中国人都会秉承一样的方式:个人利益服从集体利益;个人利益必须与集体利益、国家利益一致。这种集体主义价值观的本质特征要求集体发展与个体发展相统一,并树立起了中国人对家庭、社会、民族和国家强烈的责任感、义务感和使命感,自觉担负起各种社会职责。例如,中国人提倡"家事、国事、天下事,事事关心",反对"两耳不闻窗外事,一心只读圣贤书"的行为。

同样,中因人的群体意识也有一定的弊端,如人们缺乏个人进取精神,缺乏个人竞争意识,过于循规蹈矩,所以很难在发明、创造上取得突出的成就。

基于以上差异,在翻译时就应该特别注意词语的内涵意义,例如,mass produced 不可以直译为"大量出人才",这是因为英语中的 mass produced 一词反映的是西方人的价值观。西方教育注重对学生个性的培养,不主张整齐划一。因此,mass produced 一词带有贬义颜色。相反,中国的教育则特别强调共性,教育就像是批量生产的活动。因此,"大量出人才"在汉语中是一个褒义词。

二、英汉时间观念文化对比

（一）直线型与环型

1. 西方人的直线型时间观

西方人将时间看成是一条直线，认为时间是不断延伸的，永不复返的，所以在生活中总是向前看，注重未来的发展，例如，英国诗人弥尔顿（Milton）将时间比作"偷走青春的神秘窃贼"。马维尔（Marvell）则将时间比作"急驰而来的带翼飞车"。莎士比亚将时间描述为"（时间的）步伐轻快得令人眼花缭乱"。

2. 中国人的环型时间观

中国人的时间观是环型的，他们认为时间是冬去春来，周而复始的，所以中国人注重过去，喜欢回忆之前发生的事情。例如，陈子昂《登幽州台歌》中的绝句："前不见古人，后不见来者。念天地之悠悠，独怆然而涕下。"[①] 这首诗里的"前"指的就是过去，"后"指的是未来，这与西方的直线型时间观是完全相反的。例如：

frogs this time forward 从此以后

two years back 两年以前

此外，forward（前）指未来的时间，而 back（后）指过去的时间，因此 look back 译为"回顾过去"，look forward to 则可译成"盼望未来"。

（二）单元与多元

根据中西方不同的文化可以将时间习惯划分为两大类：单元与多元。

1. 西方人的单元时间观

西方人有着单元的时间观，他们认为时间像一条线，在单一时间内只能做单一的一件事。受单元时间观的影响，西方人做事总是严格地按照明确的时间表进行，并强调阶段性的结果。

2. 中国人的多元时间观

中国人有着多元的时间观，他们认为时间是由点构成的，认为可以在一段时间内同时做多件事情。因此，中国人做事时不会按照规定好的时间表，而是比较随意，只要在最终期限内完成所有任务即可，不看重阶段性结果。他们认为时间是一种无形的东西，不讲究做事的效率，而强调"以人为本"。汉语中

---

① 陈子昂.《登幽州台歌》.

有很多谚语与问候均反映了中国文化的时间观，例如，"慢走""慢工出细活"，这种表达就不可以直译为英语。因为如果将"慢走"直译为 ride slowly 或 walk slowly 将会传递给读者错误的信息。

第三节　英汉色彩文化对比

一、色彩词的构成对比

（一）英语色彩词的构成

英语中的色彩词主要包括两大类：简单色彩词与合成色彩词。

英语中常见的简单色彩词主要包括如下几种。

（1）基本色彩词，如 white, black, red, yellow, blue, green, purple, pink, gray, orange 等。

（2）源于动物、植物的色彩词，如 peacock（孔雀）可以用来表示孔雀蓝，深蓝；dove（鸽子）可以用来表示鸽灰，浅灰。

（3）源于植物的色彩词，如 lemon（柠檬）可以用来指柠檬色、浅黄色；olive（橄榄），可以用来表示橄榄色、黄绿色。

（4）源于矿物的色彩词，如 lead（铅）可以用来表示铅灰、青灰色；copper（铜）可以用来表示铜色，深橙色。

（5）源于珠宝的色彩词，如 ruby（红宝石）可以用来表示宝石红色，深红色；emerald（绿宝石）可以用来表示翡翠绿、鲜绿。

（6）源于食物的色彩词，如 chocolate（巧克力）可以用来表示巧克力色，棕色；butter（黄油）可以用来表示淡黄色。

（7）源于自然现象的色彩词，如 sunset（日落）可以用来表示晚霞色、红色；flame（火焰）可以用来表示火红、鲜红。

英语中还有很多色彩词是合成构成的。合成色彩词的构成方式主要有以下情况。

（1）由动植物名、地名、人名等加上基本色彩词构成的色彩词。例如：

olive gray 橄榄灰

（2）由形容词加上基本色彩词、化学物质名、植物色彩词等构成的色彩词。例如：

deep cobalt 深蓝色

（3）由基本色彩词加上基本色彩词、形容词、名词等构成的色彩词。例如：

orange pale 淡白橙色

red wood 红棕色

（二）汉语色彩词的构成

在汉语中，色彩词主要包括独立构成的色彩词与由词根色彩词加上修饰成分而构成的复合色彩词两类。[①]

（1）独立构成的色彩词。这类色彩词的前面可以添加定语，从而变为另一色彩词，这种色彩词被称为词根色彩词。基本色彩词是词根色彩词的一个组成部分。

（2）由词根色彩词加上修饰成分而构成的复合色彩词。在汉语中，很多色彩词以基本色彩词为词根，构成以其为核心的多种色彩词。

二、色彩词的文化内涵对比

英汉两种语言中都拥有丰富的色彩词，这里主要对英汉一些常见色彩词的文化内涵进行对比。

（一）白色

（1）英语中的 white

在英语文化中，白色象征着纯洁、真实、善意。例如，在西方，新娘在婚礼上穿白色礼服，象征爱情的纯洁与婚姻的贞洁。英语中的 white 的引申义通常表示清白、正直等。

英语中的 white 还象征着快乐、欢悦和吉利。例如，a white day（古日），a white Christmas（欢快的圣诞节）：其中，圣诞节是西方国家最重要的节日，西方人喜欢滑雪、滑冰等户外运动，而圣诞节正是冬季滑雪的最好时候，因此西方人将圣诞节称为 white Christmas。

此外，在英语中，white 还象征着幸运、善意。例如：

a white day 吉日

需要指出的一点是，随着跨文化交际日益频繁，英汉两种文化也在不断地相互渗透，在汉语中，白色的象征意义也发生了些许改变，也可以被理解为纯洁与忠贞，因此现在中国人在举行婚礼时，新娘也会穿白色婚纱。

---

① 刘英杰. 审美视阈下的英汉语言对比［J］. 湖南科技学院学报，2019（7）.

（2）汉语中的白色

在中国文化中，白色这一颜色的文化含义相差较大，甚至互为矛盾。在中国传统文化中，白色常常与死亡、丧事联系在一起。汉语中的常用表达"红白喜事"中的"白"指的就是丧事，在普通百姓家中，有人去世时，其后人会穿白衣为其送终，表示哀悼。白色在中国文化中还代表圣洁、坦诚、清楚、白昼，如真相大白、清白、白天等。

同时，在汉语中，白色也有负面的含义。白色可以用来表示反动、奸诈、凶残等含义。汉语中诸如一穷二白、白色政权、白色恐怖、白区等都指的是这层意思。在中国传统戏剧的舞台上，白脸人物则代表了奸诈的形象。

汉语中的白色还可以表示愚蠢、失败、无利可得。例如，"白痴"指智力低下的人，"举白旗"表示投降，"白忙""白费力""白干"指出力而得不到好处或没有效果。

汉语中的白色不仅具有褒义和贬义含义，还有中性意义，表示"明白、清楚"。例如，"不白之冤"是指难以洗雪、无法破解的冤情；"大白于天下"意为找到事实真相，并公之于众。

（二）红色

（1）英语中的 red

英语中的 red 与汉语中的红色有着局部相似的文化内涵，即都表示荣誉、尊贵和喜庆。例如：

red-letter days 纪念日，喜庆的日子

在英国人看来，红色还象征着为信仰与博爱献身，在一些圣餐仪式上，人们通常会穿红色衣服，以示圣爱；在教堂装饰中，圣神降临节或怀念殉教先烈时也多使用红色。

在英语中，红色还可以表示激进、暴力革命的意思。例如：

red revolution 赤色革命

red hot political campaign 激烈的政治运动

由于人们习惯用红笔来登记负数，因此英语中的红色也可以指"负债""亏损"。例如：

in the red 亏损

需要指出的是，英语中也常用红色来指代共产党国家，如用 Red China 指中国。在非正式语用中，red 则是革命和共产党的意思，这时 red 则带有敌视与侮辱色彩。

（2）汉语中的红色

在中国传统文化中，红色是一种象征喜庆、吉祥、富贵的颜色。中国人在结婚时喜欢用红色作为主色调，大红的双喜是婚庆所使用的一个标志性词语与色彩。在欢度喜庆佳节时，中国人也习惯用红色为基调的装饰物，如红灯笼、红窗花、红对联等。

因此，在汉语中，以红字为主构成的词语多是褒义，如"走红运"表示走好运；"开门红"表示工作一开始就取得了不错的成绩；"大红人"指的是备受器重之人；"分红"指分到合伙经营利润，"发红包"指给人发奖金。

此外，红色和血与火的色彩相联系，因此在中国，红色还是革命的象征。在汉语文学作品中，"红"常常用来指年轻的女性，如"红颜"指少女，"红妆"指女子盛装。

第四节 英汉典故文化对比

一、英汉典故结构对比

（一）英语典故的结构

英语典故往往具有灵活、自由的结构特点，句式可松可紧，可长可短，字数的伸缩范围极大，甚至有的典故只有一个词。例如：

Shylock 放高利贷者

而有的典故则很长，可以是几个字、十几个字，甚至完整的句子。例如：

hair by hair you will pull out the horse's tail　矢志不移，定能成功

the last supper 最后的晚餐

另外，英语典故往往可以独立成句，这一点在莎士比亚的作品中表现得尤为明显。

（二）汉语典故的结构

与英语典故相比，汉语典故具有结构紧凑、用词精简的特点。其表现形式主要有以下两种。

（1）四字结构。典故演变为成语时，多采用四字结构，这种结构的典故十分常见，如"掩耳盗铃""守株待兔""画蛇添足""百步穿杨"等。

（2）对偶性短句。这种形式的汉语典故虽然没有四字结构的多，但也较为常见，如"鹬蚌相争、渔翁得利""皮之不存、毛将焉附""庆父不死，鲁难未已"等。

除上述两种形式外，汉语中偶尔也有二字或三字组成的情况，字数较多或单独成句的情况比较少见，如"不到长城非好汉"等。需要注意的是，汉语中有相当大一部分典故是名词性词组，它们在句子中可以作一定的句子成分。

二、英汉典故设喻方式对比

（一）以人物设喻

以人物设喻是指将特定时间或故事所涉及的人物作为喻体，来表达一种特定的寓意。①

例如，英语中有 a Herculean task（赫拉克勒斯的任务），这一典故取自古希腊神话，赫拉克勒斯是主神宙斯之子，力大无比，故被称为大力神，所以该典故用来喻指艰难的、常人难以完成的任务。

汉语中也有许多以人物设喻的典故。例如，"孟母三迁"原本说的是孟子的母亲在孟子幼年时，十分重视居所邻居的选择，目的是为了给他选择良好的教育环境来教育他，并因此曾三次迁居，后来被用来喻指选择良好的居住和教育环境对于儿童教育的重要性。其他的以人物设喻的汉语典故还有"成也萧何，败也萧何""姜太公钓鱼""王祥卧冰"等。

（二）以物品设喻

以物名设喻是指以特定事件、故事中所涉及的事物的名称为喻体来表达某种寓意或喻指。② 例如，Barbie doll（芭比娃娃）是借女童所喜爱的一种时髦、靓丽的盛装玩偶，来喻指注重仪表而无头脑的女子；英语的 Ark（方舟）喻指避难所，是以《圣经》所载上帝命令诺亚在洪水到来之际乘方舟逃生的传说来设喻。

（三）以事件设喻

以事件设喻是指将特定的事件或故事作为喻体，用以表达一种特定的寓意

---

① 李丽艳. 英汉语言对比与翻译［J］. 考试周刊，2016（10）.
② 曹佶. 英汉语言对比在笔译教学中的应用研究［J］. 现代交际，2019（12）.

或喻指。①

例如，英语中的 the Last Supper 出自基督教故事：耶稣基督得知自己将被一门徒出卖之后，依然从容坚定，召集十二门徒共进最后的晚餐，同时当场宣布这一预言。后用该典故喻指遭人出卖。

汉语中也有很多以事件设喻的典故。例如，"负荆请罪"这一典故讲的是战国时期廉颇为自己的居功自傲、慢待蔺相如而向其负荆请罪，从而使将相复合。后用该典故指认错赔礼。

虽然英汉典故中都有以上设喻方式，但是英语典故最为常用的是以人设喻，而汉语典故最为常用的则是以事设喻。其深层次的原因与中西方不同的思维模式有关：在人与世界的关系上，中国人比较看重周边环境、客观事物，处事倾向于从他人出发、从环境着手；而西方人则更注重人类自身，处事倾向于从个人出发、从自己着手。

第五节　居住文化对比

一、西方的居住文化

在西方历史上出现过众多民族，而各个民族都有自己的建筑风格，这就使西方的居住文化呈现出多元性特征。下面就以英国民居和美国民居为例来介绍西方的居住文化。

1. 英国民居

就目前的情况来看，英国人通常会选择独门独户或带阳台的平房，主要包括三种类型。

（1）独立式，即配有院子、花园和车库，独立居住，环境幽静。

（2）半独立式，即两所房子并肩而立，且每所房子各住一家，围栏或矮墙使两户人家互不干扰。

（3）排房式，即每两所房屋共用一堵墙，中间没有夹道或院落，也没有花园与车库，价格低廉但私密性差。

---

① 张镡月.英汉语言对比分析研究进展［J］.校园英语，2018（34）.

2. 美国民居

概括来说，美国民居主要包括以下三种。

（1）别墅。别墅分为独立式住宅、合并公宅和公宅，通常配有游泳池与网球场，条件优越，通常位于郊区，适合有经济基础的人居住。

（2）活动房。活动房多采用木板或铁皮制成，外观漂亮，设施齐全，可安装在汽车上自由活动，符合美国人追逐自由的个性。

（3）公寓。公寓内配备了一应俱全的基本设施。尽管是数十户甚至上百户共同居住在一个建筑物内，但每一户的生活空间都很独立。公寓通常建在城市里，因租金低廉而适合收入微薄的人或靠养老金生活的老人居住。

二、中国的居住文化

中国幅员辽阔，自然环境千差万别，各地都形成了独具特色的居住文化。概括来说，中国的民间建筑主要包括以下几种类型。

1. 上栋下宇式

上栋下宇式民居巧妙利用地面空间建筑居室，具有夯实的地基，以土、木、石等为主要原料，做工精细。这种民居体现着封建的等级秩序，与我国宗法制的家庭结构相适应，是中国民居的典型代表。值得一提的是，上栋下宇式民居虽在全国范围内普遍存在，但具体的建筑形式往往因地域不同而各有特色，如南方客家围楼为环形住宅，而北京的四合院就属于庭院住宅。

2. 帐篷式

帐篷因容易拆卸而成为许多游牧民族的主要居住方式，在当今社会也是登山、旅游、勘探者的理想住所。帐篷种类繁多，既有临时性的也有长期性的，既有圆拱形、圆锥形、方形等规则外形的，也有其他一些不规则外形的。帐篷的制作材料也非常丰富，包括布匹、羊毛、桦树皮、兽皮等。如今，西藏、青海、甘肃等地的藏族，西北地区的哈萨克族以及东北地区的鄂温克族、达斡尔族、蒙古族仍以帐篷为主要的居住方式。

3. 干栏式建筑

干栏式建筑首先以竹柱或木柱做成一个与地面有一定距离的底架，然后再以底架为基础来建造住宅，是云南、贵州、广西、海南、台湾等地常见的建筑。一些建筑的地面之间的空隙不仅利于通风，还可防潮、防兽。此外，干栏式建筑一般分为上下两层，楼下用来养牲畜或堆放杂物，楼上住人，这也与当地的生产生活方式相吻合。

第六节　婚丧文化对比

一、婚姻文化的对比

中西方在婚姻文化方面存在一定的差异，下面从婚姻观念、婚姻仪式及婚礼细节三个方面对其进行对比分析。

（一）婚姻观念的对比

中国人和西方人对待婚姻和家庭有着不同的观念，下面对其展开具体描述。

1. 中国人的婚姻观

在中国，人们把婚姻当作人生的头等大事，在选择婚姻时都比较谨慎，一旦决定了就不会随意改变。因此，中国人的婚姻通常相对稳定。长期以来，中国人都把婚姻与道德联系起来，认为婚姻是一个极为严肃的道德问题。夫妻双方中如果一方出现了喜新厌旧，或第三者插足，这些行为都被认为是不道德的。

此外，中国的家庭成员十分看重家庭，尤其注重家庭各个成员之间的伦理关系，婚姻中的"夫唱妇随"就是很好的证明。

2. 西方人的婚姻观

在西方文化中，人们认为婚姻不属于道德问题的范畴，婚姻是个人的私事，不允许外人进行干涉。因此，西方人认为一个人有权选择自己的婚姻对象，他自愿和最喜欢的人生活在一起。如果发现现有的婚姻是一个错误，他有权力选择终止这段婚姻，并做出新的选择。在西方人的观念里，他们不能接受两个不相爱的人在一起生活，并认为强迫两个人在一起是非常残忍的行为。

西方的这种婚姻观与西方文化中宣扬以人为本的思想是分不开的，在这一思想的影响下，西方人注重追求个人的自由与权利。在西方文化中，每个人都是上帝的子民，每个人都应该平等地享受爱与被爱。家庭、教会和国家都是为个人而存在的，因此应当保护个人的权利和尊严，从而不断地推动个人的全面发展。

(二) 婚礼细节的对比

中西方在一些婚礼细节方面也存在一定的不同，如中国的媒人与西方的牧师，中国的早生贵子与西方的撒米粒，下面对其一一介绍。

1. 媒人与牧师

在中国，自古就有"父母之命，媒妁之言"① 之说，媒人在中国传统婚姻制度中有着很重要的地位。在中国传统社会，媒人，俗称"红娘""媒婆"，他们的主要职责在于撮合男女婚事。媒人不仅为男女双方的婚事而奔波，还会对二者的纠纷进行调停。媒人在中国的封建社会中不仅上升到礼的高度，更被法律所规范，媒人还是双方家长意志的代理人。只有有媒人作证，男女二人的婚姻才合法化，否则便被认为是可耻的、不光彩的。

在西方婚礼中，牧师起着非常重要的作用。新郎、新娘都在教堂里举办婚礼，婚礼通常由代表上帝的牧师主持，新人在亲朋好友的见证下，接受牧师的提问："你愿意在这个神圣的婚礼中接受新娘（新郎）作为你合法的妻子（丈夫），一起生活在上帝的指引下吗？你愿意从今以后爱着她（他）、尊敬她（他）、安慰她（他）、关爱她（他）并且在你们的有生之年不另作他想，忠诚对待她（他）吗？"

在得到双方的肯定答复后，牧师才宣布他们成为合法的夫妻。虽然牧师在婚礼中出现的时间很短暂，只有几分钟，而且他们在婚礼上所说之词都是相同的，但是他们的存在不仅给婚礼增添了一种神圣感，同时还有力地公布了新郎、新娘结合的合法化。因此，在西方的婚礼中，不能忽视牧师的重要作用。

2. "早生贵子"与撒米粒

在中国传统婚俗中，人们对新人的祝愿中多是早生贵子，这一婚俗在为新人"铺床"的方式中很好地体现了出来。"铺床"在婚礼中是十分重要的一个活动。多由长辈或儿女双全的人来铺，同时也会在床上抛撒一些具有美好寓意的坚果物品，如红枣、花生、桂圆、莲子等，这些物品都象征着"早生贵子"，祝福新人和和美美，早日得子。

在西方的婚礼中，有撒米粒的习俗，西方很多国家在婚礼中都有撒谷物的习俗。由于米粒象征谷物的收成，向新人撒米粒不仅寓意新人能多生贵子，还象征着新婚夫妇的财产像丰收的谷物一样，有兴旺发达、昌盛富饶的含义。例如，在英国，早期人们都是撒小麦和玉米，到了公元9世纪中期才出现撒米粒的习俗。

---

① 刘文飞. 英汉语言对比中的思维差异 ［J］. 散文百家（新语文活页），2018（12）.

二、丧葬文化的比较

中西丧葬文化存在一定的差异，下面主要从丧葬礼俗、丧葬用具、丧葬服饰三个方面对其进行分析。

（一）丧葬礼俗的对比

中西方着不同的丧葬礼俗，下面对其分别展开具体的论述。

1. 中国的丧葬礼俗

在中国，长期以来广为流传的丧葬之礼的活动方式主要有以下几种，按顺序依次是：送终、招魂、寿衣、下榻、出殡下葬、立碑、祭奠等程序。中国的丧葬礼俗受儒、佛、道三教的影响很大，其中，以道教的丧葬礼俗流传最为广泛。下面就道教为死者超度亡灵的程序进行简单介绍。

送终。在中国的传统风俗中，当父母病重时，子女应该寸步不离地守候在父母身旁。如果家里有因求学、工作等身处外地的子女，当父母病重的时候应立刻回家，陪伴父母度过他们人生的最后时刻，这就是所谓的"送终"。如果有人违背了这一习俗，他（她）不仅会受到亲戚的责问，还会受到社会舆论的谴责。

招魂。在中国古代，亲人刚死时，守护人往往要对其"试气"，一般是在其鼻孔下放一点棉花或蚕丝。此外，家人还要站在家附近的高坡上，一边挥舞着死者的衣物，一边呼唤死者的名字，即为"招魂"。最后，为了确认亲人是否真的死了，守护人会对死者鼻孔前的丝绵动静以及心脏脉搏等进行再次检验。

寿衣。依照中国的传统文化，死者在弥留之际，亲人要马上为其洗澡换衣，之后穿好寿衣、戴好寿帽。死者临终之际，常常会给亲人留下一些嘱咐的话，即遗言。在当地民俗中，遗言十分珍贵，得到老人的临终吩咐的人被看作极为幸运的。亲人死后，其亲属会围在一起，哭成一片，这些哭声一般都是伴随呼唤死者的号啕大哭。

另外，为了使死者的灵魂通向天堂或阴间地府，需要给死者"照路"，即在死者的脚边点燃三炷香和一支红蜡。死者亲属在堂屋内守护着死者，谓之"守夜"。

2. 西方的丧葬礼俗

西方的丧葬礼俗基本上属于宗教式的丧葬礼俗。葬礼一般遵循死者生前遗嘱，选择是进行土葬还是火葬。葬礼仪式大多选择在教堂举行在基督教一统西方社会之前，欧洲人信仰的是宙斯，属于自然神信仰。因此，人们对死亡崇尚的是回归自然，也会选择一些回归自然的葬法，如土葬、火葬、水葬等。基督教兴起之后，与欧洲的丧葬文化联系在一起。基督教认为人生来有罪，人活着必须赎罪，只有这样死后才能进入天堂。人一旦死亡，身体虽腐朽，但是灵魂到了天堂，死亡是灵魂摆脱了躯体而皈依上帝。可见，人的生与死是个人和上帝之间的事，因此，基督教反对厚葬，提倡薄葬，轻视肉体，重视灵魂的得救。在基督教文化的影响下，西方的丧葬风俗是简丧薄葬。基督教的丧礼更多的是为死者祈祷，祝其灵魂早日升入天堂，解脱生前痛苦。

(二) 丧葬用具的对比

中西方也有不同的丧葬用具，这些用具有着不同的用意和含义，下面分别对其进行分析。

1. 中国的丧葬用具

在中国，寿衣、纸制物品等都是传统葬礼涉及的用具寿衣。中国人死后，穿寿衣、戴帽穿鞋是必不可少的，通常寿衣的面为锦缎，里为棉衣这是因为中国受佛教、道教思想的影响，认为人死后要去的阴间阴冷潮湿。给死者穿戴整齐不仅是为了避免饱受阴间的严寒，还是为了让死者走得圆满纸质物品。在中国的葬礼中，用的各种各样的物品多是由纸制成。因为所有的这些物品最终是要烧掉，通过火化，来达到沟通阴阳两界的目的。由于中国人信奉佛教、道教，所以冥币（纸钱）、幡（招魂的工具）、雪柳（模仿"黑白无常"手里的道具）、纸马车都与佛教、道教有密切的关系。

2. 西方的丧葬用具

基督教文化影响着西方社会生活的方方面面。西方的葬礼也不例外，葬礼用具主要有圣水、十字架、蜡烛等，这些都与宗教活动有着密切的关系。

圣水。水在基督教文化中是一种十分重要的意象。西方人认为人类带着罪恶来到世界上，人类是有原罪的，这种原罪是与生俱来的，若要消除原罪，则需要接受圣水的洗礼。可见，水在西方文化中被赋予了清除罪恶、净化心灵的神学意义。而圣水对西方的葬礼也起着重要的作用。在葬礼中，人们将圣水洒向灵柩。这表明了死者是与基督经过受洗之后一起死于罪恶，并与基督再次经过受洗之后一起复活从而进入新的生命中。

十字架。基督教认为，耶稣为了拯救人类，宁愿被钉死在十字架上，为人类赎罪。受这一宗教文化的影响，西方人将十字架看作拯救人类灵魂的工具，相信十字架可以去除邪恶。所以，十字架在西方的公墓和丧礼上广为使用，是人们最熟悉的一种基督文化意象。

蜡烛。蜡烛在西方葬礼中既象征着火，又象征着光明。火也被赋予了消除罪恶、净化心灵的神学意义。在西方，人们认为人死后要与光在一起，才能不被地狱的阴影所包围。因此，在西方的葬礼上，为了不让死者躺在黑暗里，人们通常会在停放灵柩的房间内点上蜡烛，寓意死者要与光在一起，使于死后深入明亮、幸福的大堂。

第七节　英汉节日文化对比

一、节日起源的对比

（一）中国节日以时令为主

中国的大多节日都与时令节气有着密切的关系，最早可以追溯到《夏小正》《尚书》。到战国时期，一年中划分的 24 个节气已大致成形，这对后来的传统节日影响极大。宋人陈元靓的《岁时广记》记载，一年中的节日有元日、立春、人日、上元、正月晦、中和节、二社日、寒食、清明、上巳、佛、端午、三伏、立秋、七夕、中元、中秋、重九、小春、下元、冬至、腊、交年节、岁除等，其中多数节日都为时令性节日。我国之所以有这么多的时令性节日，与我国农业文明的影响是分不开的。[1]

此外，中国人比较看重世俗而忽视宗教。春节期间，人们抱着求祈平安幸福的心理，会对各种各样的神进行参拜和答谢活动，既拜观音菩萨，又供奉玉皇大帝，既有道教的太上老君，又有门神、灶神等，中国人的这种"泛神"思想使一些节日中的宗教气息大大削减了。

（二）西方节日以宗教为主

西方节日具有浓厚的宗教性。西方的节日多以历史事件和宗教传说命名，如主显节、圣瓦伦丁节（也称"情人节"）、封斋节、复活节、耶稣升天节、圣灵降临节、感恩节、圣诞节等。西方受基督教的影响较为深远，很多节日的名称都体现了宗教对于西方人生活和思想的重要性，由此流传下来的节日都具有丰富的文化意义基督教不仅是一套观念体系，更是一种生活方式。

---

① 孙佳欣. 基于英汉语言对比改善外语教学 [J]. 民间故事，2018（17）.

二、英汉节日庆祝方式对比

（一）注重交往的西方节日

西方在庆祝节日的过程中十分注重人际之间的交往以及节日活动所带来的快乐气氛。例如，在复活节西方人通常会举办滚彩蛋的游戏。在英国的很多地区，人们会将煮好的彩色鸡蛋从山坡上滚下来，哪只彩蛋先破了，就代表这只彩蛋的主人输了，破了的彩蛋便会被大家吃掉。如果在比赛中某人的彩蛋完好无损，就说明这个人将会有好运降临。在这种活动中，人们看重的是活动所带来的快乐，而不关注比赛的胜负。除了上述游戏，其他节日中西方人同样会举办各种可以分享节日快乐的活动，如感恩节中的南瓜赛跑与玉米游戏、圣诞节中的互赠礼物与游行活动，以及在教堂里举行圣诞弥撒、听布道等。

（二）注重饮食的中国节日

与西方节日注重人际交往不同，中国节日十分注重饮食。在中国，几乎每一个节日里都有一种非常典型的、为大家所熟知的食物。可以说，这些食物已经不只是一种简单的食物了，而是与节日紧密融合在了一起，是一种具有文化意蕴的食物。这些食物在长期的发展过程中产生了一些共有的特征，主要表现在如下方面。

1. 全家共享

中国的很多节日都是以家庭为单位开展的。俗话说"每逢佳节倍思亲"[1]，即表明在逢年过节时人们都要回家与家人团聚。尤其是在春节、元宵节、中秋节等传统节日中，人们为了表达全家团圆的美好意愿，所吃的食物大部分都是圆形的，如汤圆、月饼等。在春节期间，不管人们在哪里，都要回家，有些地方还有关起门吃团圆饭的习俗，这时是忌讳别人打扰的，因为会被认为非常不吉利。即便是一些具有集体娱乐性特点的节日，如端午节、重阳节等，人们也往往会与家人一同参加，几乎不会独自前往，这体现出中国传统节日以"家"为中心的群体文化特色。

2. 饮食名称内涵丰富

中国节日中所吃的食物具有丰富的寓意与文化内涵。人们通过节日中所吃的食物表达出一种祝福、愿望，同时也是一种对大自然、天地万物的感激。例如，在中国北方地区，冬至节时人们都会吃馄饨，因为此时节正是阴阳交替、

---

① 高铭. 英汉语言对比分析与英语翻译教学 [J]. 小品文选刊，2017（20）.

阳气发生之时，暗喻祖先开混沌而创天地，表达了对祖先的感激与缅怀之情。

三、英汉重要节日对比

（一）中国春节与西方圣诞节

春节和圣诞节分别是中西方最重要的传统节日，这两个节日的共同之处是都突显了家庭大团圆而营造的一种欢乐、祥和的氛围。中国人的春节通常会伴随着多种多样的风俗活动，举家同庆新年的快乐，表达了深深的思亲情结，享受着无限的天伦之乐。而西方的圣诞节则具有浓厚的宗教色彩。下面就分别介绍这两个节日。

1. 春节

在中国，春节是一个古老的节日，也是最富有特色的传统节日。关于春节的起源有很多说法，但人们普遍接受的说法是春节是南虞舜时期兴起的。从时间上看，春节一般是指农历的正月初一，也就是一年的第一天，因此春节俗称"过年"。春节在于百年的历史发展中，形成了一些较为固定的风俗习惯，其中有许多还相传至今。下面就介绍一些春节期间的习俗或庆祝方式。

（1）贴春联

春节期间人们要贴春联。春联也叫"门对""对联""对子"等，它以工整、对偶、简洁、精巧的文字描绘时代背景，抒发美好愿望，是我国特有的文学形式。据传这一习俗起于宋代，在明代开始盛行，到了清代，春联的思想性和艺术性都有了很大的提高。在民间，每逢春节，家家户户都要精选一幅大红春联贴在门上。不仅如此，人们还会在门上或墙壁上贴个"福"字。"福"字寓指福气、福运，寄托着人们对幸福生活的向往和对美好未来的祝愿。值得一提的是，很多人喜欢将"福"字倒过来贴，表示"幸福已到""福气已到"。

（2）爆竹

中国民间素有"开门爆竹"一说。爆竹至今已有 2000 多年的历史。在中国古代没有火药和纸张时，人们通常用火烧竹子以驱逐瘟神。竹子焚烧发出"噼噼叭叭"的响声，"爆竹"因此得名。可见，爆竹反映了人们渴求安泰的美好愿望。此外，放爆竹也可以创造出喜庆热闹的气氛，是春节期间的一种娱乐活动。随着时间的推移，爆竹的应用越来越广泛，品种花色也日见繁多，每逢重大节日及喜事庆典，及婚嫁、建房、开业等，都要燃放爆竹以示庆贺，图个吉利。当然，爆竹因其环境污染及易发事故的缺点也受到很多人的诟病，对于春节期间燃放爆竹，有人主张取消这一活动，也有人主张限制爆竹数量，可以说见仁见智。

（3）拜年

从大年初一开始，人们都早早起床，穿上最漂亮的衣服，在过年的欢乐祥和的气氛中，出门去走亲访友，恭祝来年大吉大利。这就是"拜年"。拜年时，通常是晚辈要先给长辈拜年，祝长辈人长寿安康，长辈可将事先准备好的压岁钱分给晚辈，因"岁"与"祟"谐音，因此压岁钱被认为可以压住邪祟，让晚辈可以平平安安度过一岁。

2. 圣诞节

圣诞节来源于《圣经》里的一个传说故事。《圣经》记载，圣母玛利亚受圣灵而怀孕，在返家路途上经过一座名为伯利恒的小城，所有的旅店客满，就在客店的一个马槽里产下耶稣。据说，那天在遥远的东方有三个博士追随着天上一颗明亮的星星找到耶稣，并且膜拜安详地睡在马槽里的耶稣。后人把每年的 12 月 25 日定为圣诞节，以纪念耶稣的诞生。

圣诞树是圣诞节中必不可少的。西方人以红、绿、白三色为吉祥的圣诞色。人们用一些如彩灯、气球、礼物和纸花等饰物来装饰绿色的常青利，点燃起红色的圣诞蜡烛，期盼着穿着红衣、留着长长白胡子的可爱的圣诞老人。圣诞老人是圣诞节活动中最受欢迎的人物。圣诞节的那一天，圣诞老人会送给孩子们一份礼物，寓示吉祥、快乐。此外，人们相互之间也会互赠礼物，共同感受着节日带来的欢乐。

（二）中国七夕节与西方情人节

中国的七夕节和西方的情人节（圣瓦伦丁节）都是表达爱的节日，都有着一段美丽又忧伤的爱情故事传说。

1. 七夕节

在中国传统节日中，七夕节可以说是最具浪漫色彩的一个节日。七夕节又称"乞巧节""七巧节"，体现着年轻男女对美满姻缘的向往和追求。

后来每逢七月初七，人们都会仰望天空，试图找到在银河边相会的牛郎和织女星，并为他们的爱情祈祷、祝福。传说七夕夜深人静之时，人们还能在葡萄架下听到牛郎和织女在天上的脉脉情话；又说秋天晴空里飘浮的游丝，是喜鹊上天为牛郎和织女搭桥时献身所化。此外，在这一天，年轻的姑娘们也会以一种含蓄的方式，默默地祈祷自己能获得像牛郎和织女一样的坚贞的爱情与幸福的婚姻，七夕节便由此产生了。

值得一提的是，由于中国传统节日多注重合家团圆和伦理道德，忽视了家庭成员个体空间，导致中国的七夕节普遍受到年轻人的冷落，远不像西方的情人节那样热闹浪漫，七夕节也因此被称为"中国的情人节"。

2. 情人节

对于西方情人节的来源，一直有不同的说法。其中一个说法是，公元 3 世纪，古罗马的战事一直连绵不断，暴君克劳多斯征召了大批青年前往战场。人们对此怨声载道，他们不愿离开家庭，年轻的小伙子们也不忍心与情人分开。克劳多斯大发雷霆，传令人们不许举行婚礼，甚至连已订了婚的也要立刻解除婚约。一位神庙的修士叫瓦伦丁，他对暴君的虐行感到十分悲愤，也为年轻的恋人们感到难过。当一对情侣来到神庙请求他的帮助时，瓦伦丁在神圣的祭坛前为他们悄悄地举行了婚礼。很多人闻讯，也陆续来到这座神庙，在瓦伦丁的帮助下结成伴侣。最后，消息传进了宫殿，克劳多斯非常愤怒，他命令士兵们将瓦伦丁抓走，投入地牢。瓦伦丁在监狱中与典狱长的女儿产生了感情，后来，瓦伦丁被处以死刑，这一天是 2 月 14 日。行刑前，他曾给典狱长的女儿写了一封信，表明了自己光明磊落的心迹和对她的一片情怀。

从此，人们便将每年的 2 月 14 日定为情人节。这个节日既是恋人表达爱意的最佳时刻，也是向心爱的人求婚的最浪漫的时刻。情人节时，恋人间会互送表达情愫的礼物，如情人节卡片、玫瑰花和巧克力等。

第六章　英汉生态文化对比

在人类社会的发展过程中，动物、植物、山水自然等生态文化始终与人们的生活息息相关。而由于不同民族的历史、地理等的不同，人们对生态文化所产生的情感态度也不尽相同，这就需要在翻译过程中格外注意。本章就以动植物文化和自然文化为例，探讨英汉生态文化的对比。

第一节　英汉动物文化对比

一、英汉动物词的意义对比

英汉两种语言中的动物词，携带着两个国家、两种文化特有的民族信息，既有共性又有差异。由于动物自身的特性以及人们对动物的共同性的认识，许多动物在两种文化中具有相似的隐喻含义。①

（一）狼（wolf）

英汉两种语言中的狼（wolf）基本上都是贬义词，而且有一些极其相似的表示，如：

as cruel as a wolf（像狼一样残忍）：如狼似虎

wolf down：狼吞虎咽、饿狼扑食

throw to the wolves（出卖朋友）：白眼狼

a wolf-whistle（对异性进行挑逗、调情的口哨）：色狼

---

① 潘翠琼，肖依虎. 英汉动物词的文化内涵与翻译［J］. 湖北师范学院学报（哲学社会科学版），2001（02）.

wolfish ambition：狼子野心

甚至一些基于寓言故事的表达都惊人地相似，如 wolf in sheep's clothing：披着羊皮的狼；cry wolf：喊狼来了。又如：

Don't cry wolf or when you're really in trouble, no one will believe you.

不要骗人说你有麻烦，要不然真碰上麻烦时，没人相信你。

短语 keep the wolf from the door 意思是维持生活，使免于饥饿。如：

With a wife and six children to support, he did all he could to keep the wolf from the door.

他要供养妻子和六个孩子，只好尽一切力量使全家免于挨饿。

（二）羊（sheep）

如 as lovely as a little sheep（像羊一样可爱），mild as a lamb（像羔羊一样温顺），the Lamb of God（上帝的羔羊），the lost lamb（迷途羔羊），in like a lion, out like a lamb（来如雄狮，去如羔羊），sheep among wolves（羊入狼群）。①

而 goat 和 sheep 对比时，goat 往往代表坏人，如 to separate the sheep from the goats：分辨善恶。scapegoat（替罪羊）是个例外。goat 甚至有"色鬼"之意，如 He's an old goat. 他是个老色鬼。

汉语中和"羊"有关的成语很多，如歧路亡羊，亡羊补牢，如狼牧羊，顺手牵羊，虎皮羊质，狼羊同饲，饿虎扑羊，爱礼存羊等，其中的"羊"均有"温顺，柔弱"之意。

英语中也有一些和 lamb 有关的习语，如：

If is madness for a sheep to treat of peace with a wolf. 与狼讲和平，是羊发了疯。

If is a foolish sheep that makes the wolf his confessor. 蠢羊也不向狼忏悔。

英语中的 sheep 因其温顺，而具有了"无知"之意，如 to follow like sheep（盲从）；又因其可爱，具有了"媚态"之意，如 to cast sheep's eyes（抛媚眼）。

（三）马（horse）

马在中国古代是非常重要的交通工具，所以和马有关的词语非常丰富，用

---

① 李子鹤，苏立昌. 英汉动物词喻人义位统计分析及差异成因初探［J］. 南开语言学刊，2007（02）.

来表示不同种类、年龄、作用和颜色的马，以及和马有关的活动，如：

骖 骒 骐 骑 骓 骠 驹 驾 驸 骀 驶 骊 驼 驿 驵 驻 骇 骅 骄 骆 骈 骁 驷 骋 骏 骝 骋 骥 骛 鹭 骗 骞 骝 驯 驮 驰 驳 驱……

这些词除了少量在现代汉语中还在使用外，很多已经被淘汰了，只有在《楚辞》这类的古诗词中才会见到。保留下来的词很多意义也发生了转变。

和马有关的成语大多含褒义，如马到成功、一马当先、老马识途、龙马精神、识途老马、犬马之带、牵马坠镫、鞍前马后、功劳汗马、一马不跨双鞍、犬马恋主、一言既出，驷马难追…

但也有少数贬义的，如马失前蹄、打下马威、溜须拍马、吹牛拍马、害群之马、盲人瞎马、露出马脚、猴年马月、风马牛不相及、驽马恋栈、驴唇不对马嘴、牛头马面….

马匹在古代战争中起着重要的作用，所以描述战争场面的成语特别多，如：

横枪跃马；横刀立马；鞍不离马，甲不离身；瞻予马首；金戈铁马；老将出马，一个顶俩；厉兵秣马；立仗之马；千军万马；洗兵牧马；招兵买马；枕戈汗马；射人先射马；兵藏武库，马入华山；旗开得胜，马到成功；人困马乏；杀回马枪；兵强马壮；持戈试马；舞刀跃马；单枪匹马；兵荒马乱；马革裹尸；跃马扬鞭；马首是瞻；万马齐喑；万马奔腾；戎马生涯；戎马倥偬；兵马未动，粮草先行；人仰马翻……

因为马是古人重要的财富，在成语中也可以得到体现：轻裘肥马；香车宝马；鲜车健马；有钱买马，没钱置鞍；玉堂金马；高头大马；人靠衣裳马靠鞍……

还有很多来自寓言或历史典故的成语和马有关：塞翁失马，安知非福；以鹿为马；伯乐相马；管仲随马；饮马长江；叩马而谏……

表示没有约束的：心猿意马、信马由缰、天马行空、脱缰之马……

表示热闹景象的：车如流水马如龙、人喊马嘶、人欢马叫、车马盈门…

其他和马有关的表达：蛛丝马迹、牛高马大、车辙马迹、好马不吃回头草、临崖勒马

表示交通工具的：南人驾船，北人骑马；滚鞍下马；走马上任；走马观花；一马平川；倚马可待；快马加鞭……

西方的 horse 在历史上也起到过非常重要的作用，所以有很多与马有关的习语表达。现在西方生活中的马多用于赛马/赌马，从下面的例子也可以看出：

（1）Dave is a big eater but he's met his match with Gordon——he eats like a horse.

戴维很能吃，他碰到了同样非常能吃的戈登。

（2）I do not know what's wrong with me lately. I eat like a bird, work like a horse, but I'm as tired as a dog.

我不知道最近我怎么了，我吃得像鸟一样少，工作像马一样辛苦，像狗一样疲倦。

（3）No horse play in the house please. 请不要在屋里乱跑。

（4）bet on the wrong horse：判断失误

（5）straight from the horse's mouth：从内部人员得到消息

（6）horse horse：暗藏祸心的危险礼物

（7）horse opera：美国西部片

（四）蜜蜂（bee）

英语中的 bee 总是和忙碌联系在一起，如 as busy as a bee：像蜜蜂一样忙碌

语中的蜜蜂也往往是褒义，有诗云：

不论平地与山尖，无限风光尽被占。

采得百花成蜜后，为谁辛苦为谁甜？

——唐·罗隐《蜂》

除了有上述含义外，因为常在花间飞舞，故常和蝴蝶连用，有"轻佻"之意，如"狂蜂浪蝶""招蜂惹蝶"；因为蜜蜂总是成群结队，故有"蜂拥而至""鼠窜蜂逝""蜂营蚁队""蜂出泉涌"的说法；因其刺能蜇人，所以又多了恶毒之意，如"蛇口蜂针"，表示语言和手段极其恶毒。

二、相同动物的不同喻义

（一）狗（dog）

狗（dog）在中西方文化中的意义差异最大，西方人盛行养狗，人们把狗看成家庭的一员，所以说 Love me, love my dog。和狗有关的词语也往往没有贬义，如 a big dog（重要人物），a lucky dog（幸运儿），a gay dog（快活的人），a top dog（优胜者），watch-dog（检查人员、监视器）。①

英语中很多谚语、习语和狗有关，也充分表明了狗在西方生活中的重

---

① 高丽新，许葵花. 论英汉动物词联想意义异同［J］. 东北大学学报（社会科学版），2002（01）.

要性。

（1）to let sleeping dogs lie. 别找麻烦；别打扰别人

（2）Every dog has its day. 人人都有得意日。

（3）Old dog doesn't learn new tricks. 人老不学艺。

（4）If you want a pretence to whip a dog, say that he ate up the frying-pan.
欲加之罪，何患无辞。

（5）Dogs that put up many hares kill none.
狗把许多野兔赶出巢穴，必然一只也咬不死；多谋寡成。

（6）The dogs bark, but the caravan goes on.
尽管狗群乱吠，旅行队照常前进；说者自说，做者自做。

（7）help a lame dog over a stile：济人之困；帮助人渡过难关（通常指金钱上的帮助）

也有一些和狗有关的习语含贬义：

（1）go to the dogs：每况愈下，前景不好

（2）a yellow dog：卑鄙的家伙，懒汉，胆小鬼

（3）a lazy dog：懒汉

（4）a dirty dog：下流胚

（5）a dead dog：废料

（6）die like a dog：死得很惨

（7）He that sleeps with dogs must rise up with fleas.
与狗同眠的人必然惹一身骚；同坏人为伍必然吃亏。

（8）put on（the）dog：摆架子；耍派头，摆阔气

（9）The dog returns to his vomit.
狗回头吃自己吐出来的东西；重犯旧日罪恶。

（10）treat sb. like a dog：把某人不当人

而汉语中的"狗"几乎都是贬义：狗胆包天、狗急跳墙、狗头军师、狗眼看人/狗仗人势、狗腿子、狗不改吃屎、狗咬狗、狗咬吕洞宾、鸡鸣狗盗、狗血喷头、狼心狗肺……

（二）鱼（fish）

汉语中的"鱼"因与"余"谐音，而被看作吉庆的象征。如年年有余（鱼）、吉庆有余（鱼）……

鱼在水中游动的样子也常常让人将其和"自由"联系起来，如"天高任鸟飞，海阔凭鱼跃""鹰击长空，鱼翔浅底，万类霜天竞自由"。而古代传说

中黄河鲤鱼跳过龙门就会变化成龙，因而"鲤鱼跳龙门"常常用来比喻中举、升官等飞黄腾达之事。因为鱼离不开水，所以"鱼水情深"常常用来形容关系密切，感情深厚；"卧冰求鲤"讲的是关于孝心的故事；"姜太公钓鱼"被传为千秋佳话……

英语中的 fish 却常常和负面的含义联系在一起，如 a poor fish：可怜虫；a loose fish：生活放荡的女人；fish in the air：水中捞月；to teach fish to swim：班门弄斧；drink like a fish：牛饮/酗酒/豪饮；To drink like a fish and eat like a pig：臭吃臭喝；Fish begins to rot from the head：上梁不正下梁歪；neither fish nor fowl：非驴非马，不伦不类；fish for fame：沽名钓誉；fishing expedition：以搜罗不利于某人证据为目的的调查行动……

fish 的派生词 fishy 也含贬义，表示"可疑的、靠不住的、腥臭的、值得怀疑的"，类似于汉语的"猫腻"。如：

His story sounds fishy. We should see if it's really true.

他的故事听起来很可疑，我们应该看它到底是不是真的。

但是也有中性的表达，如：

（1）fish or cut bait：要么全力以赴，不然就干脆放弃

（2）have other fish to fly：另有更重要或者更有利可图的事情得办

（3）a fish out of water：离水之鱼，浑身不自在、不得其所的人

（4）a big fish in a little pond：小环境中的大人物

三、不同喻体的相同喻义

有些动物在两种语言中的文化意蕴不同，造成了很多不同的动物喻体。如汉语中的动物之王是老虎，而英语中却认为是狮子，所以很多汉英习语中不同的动物有着类似的比喻。①

（1）warm/cherish a snake in the bosom：养虎遗患

（2）let the cat out of the bag：泄露秘密，露了马脚

（3）goose flesh：鸡皮疙瘩

（4）as strong as a horse：力壮如牛

（5）twist the lion's tail：摸老虎的屁股

（6）pigeon breast：鸡胸

（7）beard the lion in his den：虎口拔牙

（8）a lion in the way：拦路虎

---

①　谭开荣. 英汉动物词汇文化内涵异同的比较［J］. 读与写（教育教学刊），2008（03）.

第二节　英汉植物文化对比

一、英汉花卉类植物的文化

（一）rose 和"玫瑰"

英语中的 rose 和汉语中的"玫瑰"是两种语言中联想意义几乎相同的词，两者都表示"爱情和浪漫"。特别在西方国家，rose 是很常见的花，英国历史上将红玫瑰作为王朝的象征，人们认为 rose 是健康的象征，这在语言中也有所体现。[①] 例如：

gather life's rose 寻欢作乐

come up rose 事情发展顺利

a bed of rose 称心如意的境地，安乐窝

put the rose into ones check 某人的脸色看起来很健康

There is no rose without a thorn 没有十全十美的事。

在西方很多诗歌中也有关于 rose 的诗句，人们将自己心爱的人比作 rose，如 " My love is a red red rose."（我的爱人是一朵红红的玫瑰花。）

在汉语文化中，"玫瑰"也象征爱情和美丽。汉语中将漂亮但是不容易接近的女人称为"带刺的玫瑰"。曹雪芹在《红楼梦》中也曾用玫瑰花来比喻探春的美丽和性格。

（二）lily 和"莲"

在英语文化中，人们通常用 as white as lily 来表达"像百合花一样纯洁"之意，用 white lily 来指"纯洁的少女"。这同汉语文化中的"莲"这一植物文化意象形成了鲜明的对应。

在周敦颐的《爱莲说》中，通过"出淤泥而不染，濯清涟而不妖"来表达对"纯洁、高尚"品格的崇尚。可见，英语文化中的 lily 和汉语文化中的"莲"在文化联想意义上相对应。

---

① 李静雯. 英汉植物词的文化比较与翻译［J］. 漳州职业技术学院学报，2012，14（02）.

（三）bamboo 和 "竹"

受地理环境等诸多客观因素的影响，在英国并不产竹子，因此其对于竹子的使用很少，对于竹子的其他相关联想意义就少。相应地，与 bamboo 相关的文化词汇相对较少。[①]

在汉语文化中，有很多成语都来自竹子。在纸张没有发明之前，人们在竹简上记录文字，而形容一个人学识渊博常用的 "学富五车"，学富五车指当时所学过的用竹简所记录的文字可用五辆车装载。"罄竹难书" 也与竹子有关，该成语指一个人罪恶很大，即使使用所有的竹子也不能将其罪恶写完。此外，现代汉语中也有很多关于竹子的词语，如 "竹篮打水一场空" "竹筒倒豆子" "势如破竹" "青梅竹马" 等。

（四）oak 和 "松树"

在英语文化中，oak 具有坚韧的品质，并产生 as strong as an oak 这一习语表达。在汉语中，有 "大雪压青松，青松挺且直，要知松高洁，待到雪化时" 的诗句，可见，松树在汉民族文化中展现着人们坚韧不拔的美好品质。

从这一点上看，英语文化中的 oak 和汉语文化中的松树有着非常相似的联想意义。

（五）plum 和 "梅"

梅花（plum）在中西方文化中的内涵也有很大差异。

在英语文化中，与 "梅" 相对应的词语 plum 既指 "梅树" 或 "李树"，又指 "梅花" 或者 "李子"。在基督教文化中，梅树表示 "忠诚"；在英国俚语、美国俚语中，plum 表示 "奖品、奖赏"。现在，plum 则成为美国国会常用的委婉语。例如：

A congressman or senator may give a loyal aide or campaigner a Plum.

国会议员会给重视的助手和竞选者这个有好处、有声望的政治职位，作为对其所做贡献的回报。

梅花原产于中国，可以追溯到殷商之时。因它开于寒冬时节、百花之先，所以在中国文化中象征着坚毅、高洁的品格，为我国古代的历代文人所钟爱，很多诗词歌赋都以咏梅为主题。此外，梅花还象征着友情，成为传递友情的工具，享有 "驿使" 的美称，而 "梅驿" 成了驿所的雅称，"梅花约" 则是指与

---

① 李茜. 论英汉植物词语文化内涵 [J]. 怀化学院学报，2004（06）.

好友的约会。例如，在王安石的《梅花》"驿使何时发，凭君寄一枝"中的梅花便成为传达友情的信物。总之，梅花在中国文化中有着崇高的地位，是高洁、傲骨的象征，象征着中华民族典型的民族精神。

（六）willow 和"柳"

在英语文化中，willow 的含义远没有汉语这么丰富，英语中的"柳"常用于表示"死亡"和"失恋"等。例如，wear the willow 的意思是"服丧、戴孝"，用于悼念死去的爱人等。"柳"还可以用于驱邪，西方复活节前的星期日常用杨柳来祈福，以驱赶邪恶。

在汉语文化中，柳树自古以来就受我国文人墨客的喜爱，在中国的古诗句中很多诗人使用柳来表达自己的内心情感。柳在中国文化中表达的是依依惜别的情感，柳（liu）的读音与"留"接近，因此人们常用柳来表示"挽留"的含义。在古汉语诗歌中，柳的使用很频繁。例如：

"灞桥在长安东，跨水作桥，汉人送客至此桥，折柳赠别。"

"清江一曲柳千条，二十年前旧板桥。曾与美人桥上别，恨无消息到今朝。"

此外，汉语中的柳不仅可用于表达送别，还用来表达其他含义。"柳"在古代常与娼妓等联系在一起，"花柳"为妓院的别称，因此有了相关的词如"寻花问柳、残花败柳、花柳之巷"等。

（七）red bean 和"红豆"

在英汉两种文化中，red bean 和"红豆"有着截然不同的文化内涵。

在英语文化中，red bean 的文化内涵深深地受到《圣经》文化的影响。在《圣经》中，以撒为了一碗红豆汤而出卖了长子权。因而红豆在西方文化中象征着见利忘义、为了微小的眼前利益而违背原则、出卖他人。例如，sell one's birthright for some red bean stew 表示"为了眼前的利益出卖原则，见利忘义"。[①]

在汉语文化中，红豆又称作"相思豆"，从这一名称可知其代表着思念和爱情。这是由于红豆呈心形，且有着鲜艳如血的红色和坚硬的外壳，所以多象征着忠贞不渝的爱情。我国很多古诗中都借红豆以寄相思。例如，唐代温庭筠《酒泉子》："罗带惹香，犹系别时红豆。泪痕新，金缕旧，断离肠。双娇燕语雕梁，还是去年时节。绿杨浓，芳草歇，柳花狂。"

---

① 李英. 英汉植物词汇文化意义对比 [J]. 延安职业技术学院学报，2009（3）.

（八）peony 和 "牡丹"

英语中的 peony 一词源于神医皮恩（Paeon, the god of healing），确切地说，peony 是以皮恩的名字命名的。这源于皮恩曾经用牡丹的根治好了天神宙斯（Zeus）之子海克力斯（Hercules）。因此，在西方文化中，牡丹通常被看作具有魔力的花；而在欧洲，牡丹花与不带刺的玫瑰一样，都象征着基督教中的圣母马利亚。

在汉语文化中，牡丹也是一种内涵非常丰富的植物，具体来说，主要有以下内涵。其一，牡丹象征着国家的繁荣和昌盛。在古代社会，牡丹就有国家繁荣昌盛的代表意义，这在很多诗句中都有体现。例如，唐代诗人刘禹锡写道："唯有牡丹真国色，花开时节动京城。"之后，牡丹便成为幸福吉祥、国家繁荣昌盛的象征。其二，牡丹象征着人们对富裕生活的期盼。人们赋予了牡丹以富贵的品格，一提到牡丹，人们就非常容易想起"富贵"二字。因此，人们常用牡丹表达对富裕生活的期盼与追求。其三，牡丹还是纯洁和爱情的象征。例如，在我国西北广为流传的民歌"花儿"指的就是牡丹，也是对唱双方中男方对女方的称呼。其四，牡丹象征着不畏权贵的高风亮节。虽然牡丹被誉为"富贵之花"，但是其并不娇嫩脆弱，因此被赋予不畏权贵和恶势力的含义。

（九）laurel tree 和 "月桂树"

在英语和汉语两种文化中，都喜欢将月桂树（laurel tree）视为 "出类拔萃""胜利""辉煌成就""成功" 的象征。

在英美国家，人们喜欢用 laurel 编成花环，因而 laurel wreath 用来对比赛获胜者进行嘉奖。同时，人们还经常将那些取得杰出成就的诗人称为 Poet laureate（桂冠诗人）。此外，还有很多和 laurel 相关的表达法。例如：

look to one's laurels 意识到可能丧失优越的或优势的地位而要确保其他地位或声誉。

rest on one's laurels 吃老本，安于现状，不思进取

gain/win/ reap one's laurels（考试）夺冠比赛

在汉语文化中，古代封建社会人们经常用 "蟾宫折桂" 来形容举人在科举当中一举成功，考取状元。

（十）peach blossom 和 "桃花"

桃子（peach）白里透红，色泽鲜艳。在英汉两种语言中，桃子（peach）都蕴含着丰富的文化内涵。在英语中，桃子（peach）有以下三重含义。

其一，皮肤白里透红、迷人的妙龄少女们。

其二，出色、优秀的事物。

其三，特别出众、令人钦佩的人。

这些含义有时还常常被使用。例如：

You are a peach.

你是个令人钦佩的人。

She really was a peach.

她过去的确是个年轻漂亮的美人。

The restaurant was a peach.

这家餐馆经营有方而闻名遐迩。

在汉语文化中，桃子也有着不同的喻义。具体体现在以下几个方面。

其一，用桃树或者桃花来比喻漂亮女子。例如，"桃腮杏眼"可将其英译 peach-like cheeks and almond-shaped eye—the beauty of a woman.

其二，桃花源用来比喻一种理想化的境界。这主要是在《桃花源记》中陶渊明提出了一个理想社会。和英国人莫尔的"乌托邦"世界非常类似。因而，在我国有关世外桃源的表述 the land of peach blossom a fictitious land of peach, away from the turmoil of the world.

其三，因桃子"硕果累累"的特性，桃子还用来象征教师培养学生的业绩，比喻教师所教的学生。因而，有诸如"桃李满天下"这种说法。

其四，桃符是古代挂在大门上的两块画门神或题在门神名字的桃木板人们认为有利于压邪。这在王安石的诗中就有体现。

千门万户曈曈日，总把新桃换旧符。

To every home the sun imparts its brighter rays,

Old peach charms, renewed, against evil shall insure.

（十一）daisy 和 "雏菊"

雏菊又称作"长命菊""延命菊"。在罗马神话里，雏菊是森林精灵贝尔帝丝（Bellis）的化身花。贝尔帝丝精力充沛，活泼调皮，有一次，贝尔帝丝和恋人正玩得高兴，却被果树园的神发现了，于是她就在被追赶中变成了雏菊。因此，fresh as a daisy 指"精神焕发"。例如：

He woke up fresh as a daisy after his long sleep.

他睡了一觉醒来感到精神焕发。

另外，英语文化中，葬礼上常常使用雏菊，因此 push up the daisies, under the daisies, to turn up one's toes up to the daisies 指"被埋葬"或"死亡"。

例如：

He pushed up the daisies in his thirties.

他三十几岁就去世了。

在汉语文化中，雏菊没有特别的文化意义

（十二）olive 和 "橄榄"

根据《圣经·旧约·创世纪》的记载，诺亚（Noah）根据上帝的指示建造了一艘大船，躲避上帝惩治恶人的大洪水灾难，诺亚和妻子乘坐方舟，在大洪水中漂流了 40 天后，搁浅在一座高山上。为了探知大洪水是否退去，诺亚接连放了三次鸽子，第三次鸽子衔回橄榄枝，说明洪水已经退去。因此，橄榄枝象征 "和平、平安"，所以 "和平鸽" 嘴里总是衔着橄榄枝。to hold out the olive branch 表示 "伸出橄榄枝，要求和解"。例如：

Jill was the first to hold out the olive branch after our argument.

（A Dictionary of English Idioms）

我们俩争吵后，吉尔首先做出和解的表示。

橄榄枝编成的花环也是古希腊奥林匹克运动会的最高奖赏，在 2004 年希腊雅典承办的第 28 届奥运会上，每位获奖者也获得了橄榄枝花环。

在汉语文化中，橄榄树本没有特殊的文化意义，近代吸收了 "橄榄枝" 表示和平的意义。例如：

昨日，记者从 "美国投资高峰论坛" 上获悉，美国代表团向渝企抛出 "橄榄枝"，邀请渝企在制造业、商业服务等领域展开合作。

橄榄果口感苦涩，经过咀嚼，味道开始清甜，因而汉语中用 "橄榄" 或 "青橄榄" 比喻文字或其他艺术作品具有经得起推敲的美感，需要细细品味。例如：

看丰子恺先生的漫画，就像品味青橄榄，越尝越有滋味。我的一个朋友，给女儿 10 岁生日礼物，就是丰子恺先生的《护生画集》。

二、英汉果蔬类植物的文化

（一）cucumber 和 "黄瓜"

黄瓜能够给人以清凉之感，这类果蔬入口凉爽。由于黄瓜的这一特性，在英语文化中，便产生了 as cool as cucumber（凉若黄瓜）这一表达，这一表达具体指的是在遇到困难或者置于危险面前应保持"十分镇静，泰然自若"。①例如：

You can hardly be held responsible for Darrow waltzing in, cool as a cucumber, and demanding thousands of pounds.

达罗不慌不忙、大摇大摆地走进来，索要几千英镑，这跟你一点关系都没有。

黄瓜老了以后褪去绿色，起皱，变硬发黄，暗淡无光。

在汉语文化中，也存在着歇后语"老黄瓜刷绿漆——装嫩"，这一表达具体指的是某人的言行举止超过了本人年龄应该有的标准。例如：

老刘虽是快60岁的人了，但穿衣打扮着实讲究。粉衬衫、黄衬衫，颜色越鲜艳，他越喜欢，头发也染成暗红色，并且根根直立。小李背地里笑他是"老黄瓜刷绿漆——装嫩"

（二）potato 和"土豆"

potato（土豆或马铃薯）是十分受中西方国家人士喜爱的蔬菜，在英语文化中，存在着很多用其表示隐喻含义的习语，如 a couch potato 具休指的是"整天沉溺于电视节目、无暇顾及学业的人"，a small potato 具体指的是"不起眼的人物"，a hot potato 指的是"棘手的问题"。

在日常生活用语中，potato 通常用来比喻"人、人物"或"美元"。例如：

Stick their potatoes in every office.

把他们的人安插进每一个办公室。

You can get this wonderful coat for 497 potatoes.

花497个美元，你就可以得到这件漂亮的大衣。

在汉语文化中，土豆几乎没有非常特别的文化意义。

在英汉两种文化中，还存在着其他一些果蔬植物词汇，其仅在英语文化中或者仅在汉语文化中具有丰富的文化内涵。在另一种语言文化中却没有相对应的联想。

---

① 容桂香. 浅析英汉植物词语的文化内涵［J］. 湖北财经高等专科学校学报，2009，21（01）.

第三节　英汉自然文化对比

一、东风与 east wind 的对比

（一）汉语中的东风

在中国文化中，东风往往有以下几层文化内涵。

1. 象征春天和温暖

由于我国东临大海，西临高山，大部分地区属于温带大陆性气候，因此中华大地上的风往往东佳西劣。春天，风从海洋吹向陆地，带来温暖的东风，因此汉语中的"东风"也往往指"春风"，象征着"春天"和"温暖"，它吹绿了中华大地，使万物复苏，故有"东风报春"的说法，所以中国人偏爱东风。这在中国古诗词中多有表现。

2. 象征革命的力量和气势

由于东风是撕裂寒冬、带来春之希望的自然现象，因此近现代的中国诗歌中也常用它来表示革命的力量和气势。

3. 象征成功的必要条件

在很多中国古典诗词、文献中，东风还经常象征成功的必要条件。

4. 象征封建家庭对立双方的一方

东风在中国文化中有时还象征着封建家庭对立双方中的一方。例如，宋代诗人陆游在母亲的逼迫下休弃原配夫人唐氏，几年后游沈园偶遇携夫出游的唐氏，深为感怀，于是写下了下面这首著名的《钗头凤》，表达了自己愁苦凄楚的心情。词中的"东风"一词就包含了自己的母亲。

（二）英语中的 east wind

与中国不同的是，east wind 在西方文化中往往不被人们所喜爱。这与英国的地理位置有很大的关系：英国西邻大西洋，东接欧洲大陆，从东面吹来的风是寒冷的东风，因此东风常与寒冬、瑞雪相连，象征寒冷，所以并不受人们所喜爱。

二、西风与 west wind 的对比

(一) 汉语中的西风

1. 象征寒冷和冬天

由于地理原因，在中国，西风是寒冷刺骨的，因此汉语中的"西风"象征冬天。

2. 象征破坏者

由于西风寒冷，所经之处必然叶落花黄，因此也常常被中国古代文人用以象征破坏者。

3. 烘托伤感的气氛

西风的寒冷及其所代表的秋冬气息令文人们难免将其与萧条的场景、凄楚的心境联系在一起，因此西风在很多古诗词中都起着烘托伤感气氛的作用。

(二) 英语中的 west wind

1. 象征温暖、春天

对英国人来说，从大西洋吹来的西风是温暖的、舒服的，因此英语中的 west wind 十分受西方人欢迎和喜爱。例如：

It's warm wind, the west wind, full of birds' cries.

I never hear the west wind but tears are in my eyes.

2. 象征改革力量

在英国著名的浪漫主义诗人雪莱的笔下，西风是摧毁旧世界、建立新世界的一股强大的改革力量。

O wild West Wind, thou breath of Autumn's being,

Thou, from whose unseen presence the leaves dead,

Are driven, like ghosts from an enchanter fleeing,

Yellow, and black, and pale, and hectic red.

三、中西山水文化的对比

(一) 中国山水文化

中国山水文化是指由山水而引发的文化沉积，也可以说是以山水为表现对象的文化。中国历史上出现了许多与山水有关的诗句。诗人们都希望将自己的

情感通过山水表现出来。①

1. "山水" 文化的内涵

流水和青山在汉语文化中被寄予了复杂、丰富的情感，但是其在西方文化中却微不足道。

（1）"山" 的文化

中国古诗中 "山" 的文化内涵并不是非常丰富，其多用来比喻至死不渝的爱情。例如，"枕前发尽千般愿，要休且待青山烂。水面上秤锤浮，直待黄河彻底枯。" 而在西方，由于 "山" 并不多见，所以 "山" 的文化更是非常贫乏。

（2）"水" 的文化

水是生命之源，是世界上最宝贵的事物。水以其强大的宇宙价值，存在于人类文化的最深处。在历史演进以及人类文化发展中，已经升华为一种精神境界。

中国的水文化深深地植根于民族的沃土中，唐代有关山水的诗歌达到了巅峰，诗人习惯将人生的悲哀与忧愁寄寓于流水之中。流水成了诗人表达伤逝之情的象征物，如李煜《虞美人》中的 "问君能有几多愁，恰似一江春水向东流" 将漫无边际、川流不息的愁绪形象地表达出来。此外，"流水" 还用来象征逝去的时光，如 "无边落木萧萧下，不尽长江滚滚来"。

具体来讲，水具有以下几种文化内涵：①以 "水" 表示友情，②表达超然、旷达的精神，③形容女性，④表达失意、愁思，⑤表达爱情。

2. "雨" 的文化

雨是一种自然现象，"雨" 是由云中冰晶或雪粒因水汽转移、碰撞、合并等作用从云层中降落的液体水滴。陆地上的水大部分来源于降水，因而雨水关系着人类的生产生活。雨也是一种自然景观，许多文人容易对各种雨态以及风声雨声、电闪雷鸣等触景生情，并常常将对雨的感悟赋予诗文，如苏轼的《有美堂暴雨》、杜甫的《春夜喜雨》等。

（二）西方山水文化

相较于中国的山水文化，西方的山水文化并没有那么丰富。在西方人看来，山水更多的只是自然界中客观存在的事物，并无太多文化或感情色彩。只有在一些文学作品中可以看到诗人、作家借山水来抒发情感。

需要说明的是，因英国周围环海，山脉较少，因此英语中关于 "山" 的

---

① 曾薇. 英汉自然现象词汇的文化比较 [J]. 广西大学学报（哲学社会科学版），2006 (S1).

表达远不如"海"的表达丰富。例如：

at sea 茫然

half semis over 酒醉

dead sea fruit 不可靠的成就

between the devil and the deep sea 进退维谷

四、春与 spring 的对比

（一）汉语中的春

1. 表示春天，传递美好

在中国，"春"指的是一年中的第一个季度，一般指立春到立夏的三个月时间，也指农历"正、二、三"三个月。在这三个月中，天气转暖，万物开始复苏，因此中国人一提到"春"就会想到万紫千红、处处闻啼鸟的春天，因此"春"总是传达着美好、欢乐的情感。例如：

2. 象征美好的人和事

春天的美好使人们经常用其表达美好的人或事物，如心爱之人、相恋之情等。

3. 暗含淡淡的忧伤

"春"的美好还让人留恋难以忘怀，但我国北方的春天是非常短暂的，转瞬即逝的"春"也总是让人们对此流露出深深的眷念与淡淡的忧伤之情。因此，"春"在中国文化中也总是暗含了淡淡的忧伤，

（二）英语中的 spring

在西方文化中，spring 是指 the season of the year between winter and summer（一年中介于冬天和夏天之间的季节）。和中国文化一样，春在西方文化中也是温暖、美好的象征。例如：

Spring

——William Blake

Sound the flute!

Now it's mute.

Birds delight

Day and night;

Nightingale

In the dale,

Lark in sky,

Merrily,

Merrily, merrily, to welcome in the year.

五、秋与 autumn 的比较

(一) 汉语中的秋

秋天是从夏天到冬天的过渡季节，气温逐渐下降，带给人冷冷的寒意，因此秋天意味着天气转凉，由此也引申出来别的文化内涵，现总结如下。

1. 代表清宁、秋高气爽

初秋时分的气温尚不寒冷，和煦的秋风、清凉的天气、湛蓝的天空都让人觉得神清气爽、心绪安宁，因此也有部分诗歌并未将秋天描绘得冷冷清清，而是用别样一种心情去体会秋的安宁和爽朗。

2. 包涵思念、哀愁、悲伤的情感

由于秋日寒凉，候鸟南徙，令人徒增哀愁、伤感之情，身在异乡的游子更是思念故乡，故此又多了几分思念和忧愁。

3. 代表丰收

秋天是农作物成熟的季节，人们在这个季节收获一年来辛勤劳动的果实，因此秋天也是一个代表丰收、喜悦的季节。

(二) 英语中的 autumn

在西方文化中，autumn 是指 the season of the year between summer and winter (一年之中介于夏天和冬天的季节)。相对于中国人，西方人对秋的喜爱之情更加明显。这一点从英语诗歌中即可感受得到。

Autumn

——Thomas Ernest Hulme

A touch of cold in the Autumn night—

I walked abroad,

And saw the ruddy moon lean over a hedge

Like a red-faced farmer.

I did not stop to speak, but nodded;

And round about were the wistful stars

With white faces like town children.

第七章　英汉其他文化对比

英汉语言除了在词汇、句子、语篇、修辞、语用、习俗、社会、生态等文化方面存在着差异以外，在专有名词、成语文化、习语文化等方面也存在着一定的差异。本章主要从英汉专有名词、英汉成语文化、英汉习语文化三个方面对英汉语言文化进行对比分析。

第一节　英汉专有名词对比

一、英汉人名的对比

（一）英汉人名的文化心态对比

1. "重名轻姓"与"重姓轻名"

（1）西方"重名轻姓"

在西方，英语民族的姓产生于 11 世纪，直到 14 世纪才固定下来。由于西方文化重视个性和个体，尊重个体独立的人格和主体意识，因此英语中姓没有名重要。摩尔根（Morgan）在《古代社会》一书中指出，"我们的祖先撒克逊人直到被诺曼底人征服时，还只有个人名字，而没有代表宗族的姓氏。"① 由此可见，西方人"重名轻姓"。因此，西方人名把代表个性的名放在前面，而把代表共性的姓放在后面是理所当然的。

（2）中国"重姓轻名"

在中国，姓源于母系氏族社会，最早用于指"女生"，与女性生子有关，

---

① 赵海娜. 浅议英汉语言对比 [J]. 中国校外教育，2014（24）.

相同的姓表示同一个母系的血缘关系。最早的姓通常以"女"为旁，如姚、姜、姬等。"姓氏"在早期有不同的所指。氏是在姓之后产生，是按父系来标识血缘关系的产物，只有在父权确立之后才使其变为可能。春秋时，一般是男子称氏，女子称姓。春秋之后，受战争的影响姓与氏的界限逐渐变得模糊，姓与氏渐渐结合在一起统称"姓"或"姓氏"，代表的是血缘、群体和宗族。与姓相比，名的产生晚一些，虽然在原始部落已有雏形，但其固定是在夏商出现文字之后。这也是中国文化传统"重姓轻名"心态的一个很好体现，中国人的姓与宗族、氏族、群体和血缘有着十分密切的关系。中国传统文化强调共姓至上、三纲五常。正是在这样的传统文化的影响下，汉语人名中的"姓"必然在前，因为它代表宗族、家族、群体，而代表个体个性符号的"名"则位于"姓"之后。例如，司徒建华，其中"司徒"是双姓，位于表示辈分名的"建"和表示名的"华"之前。

可以说，西方"重名轻姓"与中国"重姓轻名"的民族观念是英汉人名文化最明显的差异。

2. "妇随夫姓"与"男女各姓"

（1）西方"妇随夫姓"

在西方，称呼已婚妇女通常要放弃自己的家姓，而使用夫姓，如 Mary White 与 John Brown 结婚后，女方姓名就变为 Mary Brown。这里值得提及的一点是，有些女作家、女演员往往会因职业原因，并不使用夫姓。随着妇女解放运动的发展日益深入，为了体现男女平等和妇女独立的观念，西方很多女权主义者提倡妇女婚后继续使用自己的家姓。现在，很多西方国家的女性结婚后开始采用夫妇二人的合姓作为其新姓，并用连字符连接男女两姓。例如，Marie Brown 和 John Williams 结婚，婚后女方姓名就是 Marie Brown-Williams。

（2）中国"男女各姓"

受中国传统观念影响，中国人重男轻女、男尊女卑的现象非常严重。妇女在社会中的地位极其低下，很少出入社交场合，人们在称呼已婚妇女时通常以其夫名加上表示尊称的亲属称谓，如京剧样板戏《沙家浜》中的"阿庆嫂"。在封建社会，妇女无论结婚与否，其家姓都会保留下来，称呼已婚妇女通常以其家姓加上"氏"字，如王氏、赵氏等。这一方面反映了中国封建社会女性地位的卑微，另一方面也体现了重姓轻名的文化心态。

(二) 英汉人名姓氏文化对比

1. 姓氏来源对比

(1) 西方姓氏的来源

西方英语国家的姓氏来源主要有以下几个方面。

①以表示血缘继承关系的词及其所构成的词为姓。例如，Clinton（克林顿），Jones（琼斯）等姓都是直接把自己的名字作为后代的姓氏使用的。还有一些是在名字上加一些前缀或后缀转为姓氏来使用。常见的前缀有 Mac-（表示父子关系），Fits-（表示父名）等，如 Mac Arthur（麦克阿瑟），Fitzgerald（菲茨杰拉德）等；常见的后缀有-s，-son（表示某人之子或后代）等，如 Johnson（约翰逊），Robertson（罗伯逊）等。

②以职业为姓。例如：

Barber 巴伯（理发师）

Carter 卡特（马车夫）

②以颜色名称或个性特征为姓。例如：

Black 布莱克（黑色）

White 怀特（白色）

④以居住地附近的地形、地貌为姓。例如，住在小溪边的姓 Brook（布鲁克），住在田地边的姓 Field（菲尔德），居住在山中的就姓 Hill（希尔）等。事实上，西方的姓氏有很多都是由表示地貌特征的词汇衍化而来的。例

⑤以官衔为姓。例如：

Marshall 马歇尔（元帅）

Judge 贾奇（审判官）

⑥以地名为姓。例如，住在伦敦的就姓 London，住在华盛顿的就姓 Washington。再如，Kent（肯特），Oxford（牛津），York（约克），Sheffield（雪菲尔德）等。

⑦以动物或植物名称为姓。例如：

Rice 赖斯（大米）

Bull 布尔（公牛）

⑧以民族名称为姓。例如：

German（德国人）

Welsh（威尔士人）

⑨以武器、器物或货币名称为姓。例如：

Sword 索德（剑）

Pound 庞德（英镑）

⑩以自然现象为姓。例如：

Rain 雷恩（雨）

Snow 斯诺（雪）

由上述对英汉姓氏来源的介绍可见，英汉姓氏的来源存在很大的差异。当然，二者之间也有一些相同之处，如英汉姓氏都有以职业作为姓氏，以地名作为姓氏等现象。

（2）中国姓氏的来源

中国人姓氏的来源主要有下列几个方面。

①远古母系氏族社会，以母为姓，以"女"为旁。例如，姜、姬等。

②以原始部落图腾的动物、植物为姓。例如，牛、马、羊、鱼、龙、熊、杨、柳、花等。但需要注意的一定是，汉语中的人名一般不以凶狠的动物为姓，如狼。

③以古国名或地名为姓。例如，周、夏、齐、鲁、晋、秦、楚、赵、屈等。

④以居住地为姓。例如，春秋时期齐国公族大夫分别居住在城郭四周，就以东郭、西郭、南郭、北郭为姓。

⑤以官职、职业为姓。例如，司马、司徒、石、屠、陶、巫、贾等。

⑥由帝王赐姓。例如，周穆王的一个宠姬死后，其为了表示哀痛之情，便赐她的后代姓"痛"；周惠王死后追为"惠"，他的后代便姓"惠"。又如，唐为李家天下，"李"就是国姓，唐太宗赐有功之臣为"李"姓。

⑦以借词为姓。这些借词由少数民族姓音译而来，一般为双字姓，如贺兰、长孙、耶律、呼延等。

⑧以数字为姓。例如，伍、陆、百、万等。

⑨以神话中的传说为姓。例如，传说舜时有个纳言是天上龙的后代，其子孙便以龙姓传世。又如，传说神仙中有个青鸟公，便有了复姓青鸟。

⑩以古代同音字的分化为姓。例如，"陈"由"田"姓分出，"何"由"韩"姓分出。

除了上述介绍的姓氏来源外，中国人的姓氏还有以乡、亭之名为姓氏的，如阎、郝、欧阳、陆等；以山河名称为姓氏的，如乔、黄、武等；以家族次第为姓氏的，如孟、仲等。还有一些姓氏在一般人看来则非常不可思议。

2. 姓名结构对比

英汉姓名在结构上存在一定差异。

（1）西方姓名结构

在英美等西方国家，人们的姓名顺序是名在前，姓在后，如 Shakespeare 是姓，William 是名。英语姓名一般由三部分构成，即教名（the Christian name/the first name/the given name）+中间名（the middle name）+姓（the family name/the last name），如 Eugene Albert Nida（尤金·阿尔伯特·奈达）。但很多时候，英语的中间名仅写首字母或不写，如 Eugene Albert Nida 写成 Eugene A. Nida 或 Eugene Nida。

（2）中国姓名结构

在中国，汉语姓名的结构是"姓+名"的形式。更为具体地说，汉语三字姓名其实更多的是"姓+辈分+名"。可以说，用专字表辈分是汉语人名所独有的一种现象，这体现了个人在家族中的排行顺序。

随着社会的不断发展和思想的不断解放，我国传统的家族观念也受到了很大的冲击，正在不断地淡化，而且辈分也不像从前那样受到人们的重视，名字中对于辈分的体现已经不那么普遍。目前的汉语姓名可以分为两种，即显性名（三字姓名）和隐性名（两字姓名）。

二、英汉地名的对比

（一）英语地名文化来源对比

英语地名主要源于下面几种情况。

（1）来自普通名词

英语中有些表示地方的专有名词来自普通名词。这是因为这些地方在所属类型的地形中十分突出，因而被直接冠以该地形的名字，成为专有名词。

其一，原意是"平原"的地名，如 Syria（叙利亚）等。

其二，原意是"港口"的地名，如 Bordeaux（波尔多）等。

其三，原意是"湖泊"的地名，如 Chad（乍得）等。

其四，原意是"河"的地名，如 Niger（尼日尔）等。

（2）来自山河湖泊

这样的地名在英语中也比较常见。

其一，根据山脉命名的地名，如美国的 Nevada（内华达州）。

其二，根据河流命名的地名，如美国的 Tennessee（田纳西州）。

其三，根据湖泊命名的地名，如美国的 Michigan（密歇根州）。

（3）来自常见事物

例如，Money（马尼，意思是为"金钱"），Hot Coffee（霍特咖啡，意思是"热咖啡"），Tombstone（汤姆斯通，意思是"墓碑"）等。

（4）来自美好愿望

例如，Pacific Ocean（太平洋）的字面意思就是"温和的、和平的、平静的海洋"，体现了人们对和平的向往和美好愿望。再如，位于非洲的好望角（Cape of Good Hope）的名字由来是因为这里常年因强劲的西风急流掀起惊涛骇浪，航行到此处的船舶往往会因这种"杀人浪"而遇难，而被认为是世界上最危险的航海地段，人们希望这个海角可以为人们带来好运，就将原名"风暴角"改为"好望角"。

（5）来自移民故乡

众所周知，美国是一个移民国家，英国、法国、西班牙等国是其早期的移民来源地。因此，美国的地名很多都是以移民地名称命名的。例如，New York（纽约），New England（新英格兰），New Mexico（新墨西哥），New Plymouth（新普利茅斯）等。

（二）汉语地名文化来源对比

汉语地名的来源主要包括以下几个方面。

（1）来自方位和位置

在中国，以东、南、西、北方向为依据产生的地名有河南、河北、湖南、湖北、山东、山西、广东、广西等。古代中国将"山南水北"称为"阳"，将"山北水南"称为"阴"，由此产生了很多包含"阴"与"阳"的地名，如洛阳（位于洛水以北）、衡阳（位于衡山之南）、江阴（位于长江以南）等。

（2）来自地形、地貌特点

中国有些地名来源于地物本身的特征。例如，黄河、黄海皆因其水中含有大量泥沙而得名；齐齐哈尔因该城市拥有天然牧场而得名；海南岛的五指山因其形状像五指而得名。类似的例子还有金沙江、清水河、流沙河、黑山、狼牙山、白云山、摩天岭等。

（3）来自姓氏、人名

中国有很多地名是以姓氏取名的，表现了人们重宗族的社会心态。例如，李家湾、石家庄、王家屯、肖家村等。此外，有些汉语地名是以人名命名的，反映了人们对历史人物或民族英雄的崇敬、敬仰之情。例如，中山市来源于革命先行者孙中山、左权县来源于革命先烈左权、靖宇县来源于革命先烈杨靖宇、志丹县来源于革命先烈刘志丹等。类似的例子还有夫子山、卧龙岗、韩江、韩山、太白山、黄盖桥、子龙滩、黄浦江、木兰溪等。

（4）来自动物、植物

源于动物的地名，如马鬃山、鸡公山、凤凰山、瘦狗岭、奔牛镇、黄鹤楼等；源于植物的地名，如桂林、桃花村、榆林庄、三柳镇等。

（5）来自美好的愿望

汉语中有很多地名可以体现出中华民族的期盼和愿望。例如，反映人们追求长寿幸福、昌盛富强愿望的地名有福寿山、万寿山、昌水河、万福河、富裕县、永昌县、万寿城、福州市、福建省等；反映人们对太平、安康社会的期盼的地名有太平山、太平桥、太平寺、永宁河、永宁镇、永安市、永安县、永和县、永和镇、安定门、东安市场等。

第二节　英汉成语文化对比

一、英汉成语的定义对比

英语的 idiom 有广义狭义之分，广义的 idiom 通常译为习语，包括：colloquialisms，proverbs 和 slang expressions 等。狭义的英语 idiom 可译为成语，以和习语相区别。[①]

汉语的熟语是一些常用而固定的词组或句子。它包括成语、惯用语、谚语、格言和歇后语等。一般人认为汉语的成语是指四字词组，这只是狭义的理解。《汉语成语研究》就认为汉语的含义应是广义的："凡是具有特定含义的定性词组，已经约定俗成，被书面语所接受了的，就是成语。不管它是谚语，歇后语，还是政治口号，科学术语等等，只要进入书面语作为固定语运用的，一律总称为成语。"[②]

二、英汉成语的来源对比

（一）源自寓言和神话的成语

西方文化的源头是古希腊神话和由之脱胎而来的古罗马神话。英语中有许

---

① 祝婷婷. 论英汉语言对比研究的应用 [J]. 齐齐哈尔师范高等专科学校学报，2015（3）.
② 郭蕾. 英汉语言对比与中西文化差异研究 [M]. 北京：现代教育出版社，2018：58.

多成语源于希腊神话，伊索寓言故事。许多汉语成语也和本国的寓言故事、神话传说有关。例如：Achilles'heel "唯一之弱点"，源出希腊神话；cut the Gordian knot "快刀斩乱麻"，源出希腊神话；fly on the wheel "狂妄自大的人"，源出《伊索寓言》。汉语中这类成语是由来自历史文献的寓言故事和神话传说概括而成的，它们生动有趣，寓意深刻。例如：愚公移山，源出《列子·汤问》；拔苗助长，源出《孟子·公孙丑上》；掩耳盗铃，源出《吕氏春秋·自知》。①

（二）源自历史故事的成语

来源于历史故事的英语成语比汉语成语少。例如：cross the Rubicon "孤注一掷"，源于罗马历史故事；meet one's Waterloo "一败涂地"，此成语出自1815 年的"滑铁卢"之战；Dunkirk evacuation "敦刻尔克大撤退"，来自第二次世界大战，原指英法军队在德军的围困下被迫从敦刻尔克撤退，现比作"溃退"。相比之下，中国有五千多年的漫长历史，源自历史故事的汉语成语十分丰富，这些故事大都记载于我国历史文献中。例如：破釜沉舟，源自《史记·项羽本记》；绿林好汉，源自《儿女英雄传》；揭竿而起，源自《过秦论》。

（三）源自作家作品的成语

英语当中这类成语主要来自莎士比亚的戏剧和其他著名作家的作品。例如，out of joint "乱套"，源自莎士比亚《哈姆雷特》；Man Friday "忠实的仆人"，源自笛福《鲁宾孙漂流记》；Catch 22 "不可逾越的障碍"，源自海勒的《二十二条军规》。汉语出自作品名句的成语很多，这类成语书卷色彩很浓，例如：居心叵测；自曹操的《步出夏门行》；老骥伏枥，源自曹操的《步出夏门行》；金碧辉煌，源自吴承恩《西游记》。

（四）来源于外来语的成语

无论是英语还是汉语都还从外国语言中吸收了一些成语。英语成语中还有一些来自外来语。例如：英语成语 pure and simple "纯粹"，源自法语；false step "失足"，源自法语；汉语成语"火中取栗""象牙之塔""天方夜谭"等来自外来语。

---

① 张润晗，王素娥，霍盛亚. 英汉语言对比与互译［M］. 北京：清华大学出版社，2018：92.

三、英汉成语文化差异对比

(一)地域文化

地域文化指的是由所处地域、自然条件和地理环境所形成的文化,表现在不同民族对同一种现象或事物采用不同的言语形式来表达。[①]东西方在地理位置和地理环境上有很大的不同,这就必然造成了两种语言上有很大的差异。

从在世界的地理位置上看,中国位于东半球,东临太平洋,西靠亚欧大陆,所以当东风来临的时候,也就意味着春天的到来。所以汉语中"东风"常常是好运的代名词,著名的成语如"万事俱备,只欠东风"说的就是这个意思。而英国位于西半球,西临大西洋,东靠亚欧大陆,所以从大西洋而来的西风能够带来温暖的湿气,预报春天的来临。因此在英国人的心中,"西风"是美好事物的代名词,诗人雪莱就曾赋诗一首"西风颂"来歌颂西风。在英汉的思维观念中,"西风"和"东风"有着截然不同的形象,因此在英汉互译,尤其是成语的翻译时,一定要注意不能采用直译的方法,比如成语"撒手归西",若直译可能会造成误解。

此外,就两国的自然条件来看,中国是传统内陆国家,是一个有着数千年历史的农耕大国,自古以来就与土地有着不可分割的联系。这种联系渐渐形成了语言的一部分,表现在成语方面即有着很多与土地或农耕有关的习语,如"土生土长""根深蒂固""斩草除根""挥金如土"等。与中国相反,英国是一个岛国,境内多山多高地,生存环境恶劣。为了生存,人民不得不与险恶的海洋环境抗争,寻求海上的发展,渐渐形成了发达的航海业,与此同时也形成了许多与航海、船、水等有关的成语,如"to know the ropes"(通晓秘诀)、"all at see"(不知所措)、"to go with the tide"(随波逐流)、"sail before the wind"(顺风航行)、"spend money like water"(挥金如土)等。

(二)历史典故差异

成语是一个国家长久以来所形成的语言的精华,与该民族的历史密切相关,许多民族特有的历史事件、故事或传说会通过成语反映出来。

中国有着长达五千年的文明史,经历了许多个封建王朝的更迭,因此汉语中也出现了很多以历史特定事件和人物为素材的成语,使精彩的历史事件流传至今,如越王勾践的"卧薪尝胆",蔺相如的"负荆请罪",丑女东施的"东

---

① 陈帅. 英汉语言对比及英语教学研究 [M]. 西安:西北工业大学出版社,2016:37.

施效颦",楚霸王项羽的"破釜沉舟",蜀国阿斗的"乐不思蜀",班超的"投笔从戎",孟光的"举案齐眉",毛遂的"毛遂自荐",淝水之战的"风声鹤唳",李林甫的"口蜜腹剑"等。同样,英语中也有很多有关历史事件和人物的成语,如古罗马军事领袖凯撒出征时为断绝战士后路,激励他们勇往直前,把船只烧毁,因此后世便流传下来了成语 burn one's boat(破釜沉舟),而当战无不胜的拿破仑奋勇战斗,但最终惨败滑铁卢时,后世便又流传下来成语 meet one's waterloo,来形容一个人的惨败遭遇。

除了许多源于真实历史事件的成语,英汉两种语言中还含有许多源自神话传说和寓言故事的成语。汉语中成语较多地源自古代神话传说和寓言,产生的词语有八仙过海、刻舟求剑、女娲补天、揠苗助长、守株待兔、掩耳盗铃、叶公好龙、狐假虎威、塞翁失马等,而英语中成语则较多地源自古希腊罗马的神话传说和《伊索寓言》,产生的词语有 Achilles heel(惟一致命弱点),the apple of discord(祸根、争端),fly on the wheel(狂妄自大的人,盲目自负的人)等。

值得注意的是,英汉语言虽然都包含许多来源于真实历史事件或神话传说或寓言故事的成语,但这些成语是具有特定的民族特色的,它们之间绝大多数并不存在对应性,这就要求我们在翻译的时候不能进行直译。

(三)民族习俗差异

由于民族文化差异,同样的东西在中西方民族间有着不同的理解。例如蝙蝠和 bat 在中西方民族间所包容的文化内涵是截然不同,相互冲突的。在中国传统文化里,蝙蝠因与"福"同音,象征吉祥福禄,经常出现在民俗年画和桌椅雕刻中,成为传统文化的代表。而在西方人心中,蝙蝠"bat"有着截然不同的含义。他们认为蝙蝠是不祥的象征,因此与蝙蝠有关的词常常是贬义的,比如"have bats in the belfry"(异想天开),"as blind as a bat"(眼睛看不见)等。

第三节　英汉习语文化对比

一、英汉习语的特点对比

(一) 英语习语的特点

英语习语因为自己的特性，才能和单词、短语或短句等其他语言形式区别开来，这种特性是多维度的，具体如下。

1. 英语习语的整体性

两个或多个英语单词组合在一起表达某种意义时，它们就在形式和语义上形成了一个联合体，具有了整体性。联合体可以是临时组成的自由词组，也可以是固定词组。自由词组和固定词组都具有整体性。因此，英语习语的整体性具有以下几种表现。

(1) 习语的意义是一个不可分割的统一体。组成英语习语的各个词在意义上受到习语内部其他词的制约，以便能与其他词的意义协调一致，合起来表达一个完整意义。这个完整意义与习语中各词单独时的意义不尽相同。例如，Take it out on 的意义是"向……发泄怨气"，on 表示其独立使用时的主要意义，指明动作涉及的对象，许多习语中都含有像 on 一样保留独立使用时的主要意义的词。因此，英语习语的整体性并不意味着整体性剥夺了习语中的每个词单独使用时的意义，习语是一个意义统一体，不因为某些因素而分解成多个部分，否则习语的真正含义将遭到歪曲。

(2) 习语的意义赖以产生的基础或理据是一个整体。习语是概念的产物，是在各个部分组成的整体概念之上运用判断、推理、类比和引申等思维加工而得出其正确意义的固定词组。例如，tarred with the same brush 原指"用同一把刷子刷柏油"，羊群的主人为了不和别人的羊混淆，就用刷子蘸上柏油在每只羊身上做标记。这样，习语获得了"具有某一群体特征，属于某一类型"的理据。这条习语现在用于牧羊以外的领域，意为"一路货色"。

理据的某个部分改变可能会导致整个理据的改变，整个习语的意义也发生变化。例如，carry coals to Newcastle（多此一举），英格兰东北部城市纽卡斯尔是英国著名的煤都，如果有人还要"运煤到纽卡斯尔"，那肯定是"多此一举"。如果分四次改动 carry coals to Newcastle，每次只改动其中一个词，任意一种结果所表达的事件都不会产生"多此一举"的理据和意义。

（3）一些习语的形式也具有完整性。如果按常规的句法规则对一些习语进行变形，习语就变成了自由组合。例如，大部分动词习语可根据句子变化时态和语态，break the ice（打破僵滞局面）既可以用主动语态，也可以用被动语态。但是，有一部分动词习语却不能这么变化，如 rain cats and dogs（下倾盆大雨）。另外，一些以 and 连接的对等词习语由两个并列的成分组成，在形式上是一个整体，不能对换 and 前后词的位置，也不能用同义词替换或改变名词的单复数形式等，只能当成一个完整的"单词"。

2. 英语习语的约定俗成性

习语是人们在长期的语言实践中形成的，这就意味着习语是约定俗成的产物。有的习语沿用至今，有的被淘汰遗忘，还有新的在不断产生。习语的约定俗成性体现在以下几个方面。

（1）不符合语法规范的约定俗成。例如，by and large（总的说来）原是航海者的行话，large 为"风吹着船的正后方"，即"顺风"，by 表示"偏离"，因而 by and large 指帆船行驶时稍微偏离风向。这样的航行考虑到了虽然借助的风力少了点，但可减少风向突变时船只逆帆的危险，是综合性的正确航行方法。"由综合性考虑"引申出了"总的说来"的意义，行话变成了普通用语。从现代英语角度看，and 连接了两个并不并列的介词 by 和形容词 large，不合语法规范。但人们并没有去纠正这些语法错误，而是把它们当作约定俗成的形式继续沿用。

（2）不符合客观事实的约定俗成。一些习语中的组成部分之间在语义上不符合客观事实，如 rain cats and dogs（倾盆大雨），by the skin of teeth（侥幸，刚好）等。虽然有这些习语存在，但是不能推断出：天上下猫下狗、世上有长着皮的牙齿等，这些逆向推断都与客观事实不符。人们没有刻意地去改变这些存在语义矛盾的习语，而是把它们当成了约定俗成的形式接受。

3. 英语习语的固定性

从历时的角度看，习语在长期的使用中显示出一种竞争与生存的特性。表达同一意义的习语很多，但最终只有一个或几个成为人们常用的形式，具有固定性。并且字面上或字面下的意义以及语义逻辑都是一个整体，不能随意改变，都具有固定性。习语的固定性按照强弱程度可以分为全固定、半固定和微固定三种。

英语习语的固定性包括以下几种体现。

（1）不能用同义词替代习语中的相应部分，即使可以，也是严格限定在约定俗成的少量几个词的范围内。

（2）语法方面表现出来的固定性。习语在形成之初符合语法规则，而且大部分习语随着语法的变化而变化，符合现代语法规则。一些习语则固守原先的形式，显得不符合现代语法，因此习语在语法方面同样具有固定性。

（3）词汇增减方面的固定性。一些习语不能增加或减少词汇，但是一些习语却可以省略可意会的部分，达到省形不省意的简洁目的。

（4）意义的固定性。习语的意义也是相对固定的。

4. 英语习语的隐喻性

受文化的影响，英语习语的意义经常很隐蔽，具有隐喻性。习语由单词组成，但往往又不是各单词意义的总和。这种含义不同程度地抛开了词的常用意义，是人们认知加工的结果，是一种隐喻意义。

（二）汉语习语的特点

汉语习语，相当于汉语熟语，是"语言中定型的词组或句子"。它包括如下特征。

（1）它是各民族成员在长期的语言运用中经过高度提炼而成的表达法。

（2）它承载着各民族丰富而厚重的文化内涵。

（3）它结构严谨、言简意赅、生动活泼、寓意深邃。

（4）它大多蕴含着鲜明的形象和丰富多彩的隐喻。

上述特征丰富了语言的表达方式，加强了语言的表现力。

二、英汉习语的类型对比

（一）谚语

所谓谚语，指的就是在群众中流传的固定语句，用简单通俗的话反映出深刻的哲理。① 一般来说，谚语都会集中说明一定的社会生活经验和做人的道理。谚语与成语（主要指四字词组）不同，马国凡认为谚语与成语的区别主要有如下几个方面。②

（1）谚语口语性强，而成语书面语性强。

（2）成语比谚语的结构更定型化。

（3）成语在语言的运用中相当于词，而谚语多数可以独立成句，或独立于句外。

---

① 姬银萍. 英汉语言的对比与翻译 [J]. 郑州航空工业管理学院学报（社会科学版），2014（2）.
② 潘文国. 英汉对比与翻译 [M]. 上海：上海外语教育出版社，2012：64.

（4）成语多表示一般概念，谚语多表示判断和推理。

谚语在英汉两种语言中都十分常见。英语中的谚语（proverbs）即包括短语也包括句子。例如：

He who hesitates is lost.

机不可失，时不再来。

Bitter pills may have blessed effects.

良药苦口利于病，忠言逆耳利于行。

汉语中的谚语也有很多。例如：

路遥知马力，日久见人心。

留得青山在，不怕没柴烧。

（二）俗语

俗语主要是指借助于某种比喻来说明某种道理，比较通俗易懂，经常出现在口语中。①

英汉语言中均有一定量的俗语。英语中的俗语，如 to show one's cards（摊牌），round-table conference（圆桌会议），with the tail between the legs（夹着尾巴逃跑）等。汉语中的俗语有"杀鸡给猴看""脚踩两只船""偷鸡不着蚀把米"等。

同样，下面对英汉俗语的喻体与喻指进行对照，以此来体味二者在语义表达及文化内涵方面的异同。

（1）喻体相同，喻指相同或相似。例如：

pie in the sky 天上掉馅饼

Money talks. 财大气粗。

Easier said than done. 说起来容易做起来难。

（2）喻体相同或相似，喻指不同。例如：

英语	汉语
eat one's word（喻指"承认说错话"）	食言（喻指"毁约、失信"）
like a bear with a sore head（喻指"脾气暴躁"）	狗熊掰棒子（喻指"愚笨"）

（3）喻体不同，喻指相同或相似。例如：

a dog's life　牛马不如的生活

① 邵志洪. 英汉对比翻译导论［M］. 上海：华东理工大学出版社，2010：137.

His bark is worse than his bite. 刀子嘴，豆腐心。

(三) 俚语

俚语是一种区别于标准语，只在一个地区或者一定范围使用的话语。英汉语言中都存在一定数量的俚语。

英语中的俚语通常是一些通俗俚语。所谓通俗俚语，是指较为流行但又不十分粗俗的俚语，包括下里巴人的通俗词语，戏谑调侃的用语，较为唐突、不大礼貌的乃至狂妄自傲的用语，轻蔑、贬损的用语，以及一些带有个别不雅字词的用语；有些则是粗俗俚语的委婉说法或避讳用语。[①] 例如：

take a dump 上大号、大便

all mouth and no trousers 毫无正当理据的吹牛

汉语中的俚语多为方言或地方流行语，如"麻利"（迅速、赶快；手脚敏捷），"拉倒"（到此为止；算了、作罢），"开瓢儿"（打破头），"撒丫子"（放开脚步跑），"侃大山"（长时间漫无边际地闲谈），"仨瓜俩枣"（一星半点的小东西、不值钱的零星物品）等。

从结构上来看，英语俚语的结构形式多种多样，有单词、词语、句子等；而汉语俚语通常是词或短语。从内容上看，英语俚语通常以下里巴人式的通俗表达方式为主体，不受方言限制；而汉语俚语的主要组成部分则是汉语流行区内广为流传的方言。

(四) 歇后语

歇后语是指由两个部分组成的一句话，前一部分像谜面，后一部分像谜底，通常只说前一部分，而本意在后一部分。[②] 歇后语是汉语中所特有的，它的结构比较特殊，一般分前后两截，在前半截用具体浅显的比喻来说明后半截一个较为抽象的道理。例如：

骑着毛驴看账本——走着瞧

猪八戒照镜子——里外不是人

黄虎狼给鸡拜年——没安好心

作为汉语中所特有的一种习语，歇后语中渗透着浓郁的中国文化传统与民族习语，同时还体现着特有的含义表达方式，不了解中国文化传统的西方人将很难真正理解其含义，有时会给他们带来一定的文化困惑，阻碍中外语言交际

---

① 赵海娜. 浅议英汉语言对比 [J]. 中国校外教育，2014 (24).

② 高铭. 英汉语言对比分析与英语翻译教学 [J]. 小品文选刊，2017 (20).

的顺利进行。

三、英汉习语表达的思维模式对比

语言是思维最有效的工具，思维活动需要借助语言来进行，思维成果也要依赖语言来表达。由于不同民族赖以生存的自然环境和社会存在差异，各民族的思维方式会有各自不同的特点。所以，语言结构特点又是与思维方式的特点相一致的。

中国传统哲学思维基于主、客体统一的辩证观念，对人和自然界关系的认识是以"天人合"为出发点，主体凭借直观理性认识整体，把握外在的世界，把天与人、阴与阳、精神与物质视为不可分割的统一体，相互制约，相互依存，这是一种直觉具象与整体和谐为主要特征的思维模式。

西方传统哲学思维是以主、客体对立为出发点，人们对世界的认识形成一系列相可对立的概念与范畴，对外部事物的反映不是靠直觉感性的认识，而是依赖抽象理性的表述，是一种分析性逻辑思维模式。

出于思维方式不同，词语组成方式和人的感知取向均不相同。考察英汉习语的语义组合方式，可以发现两个民族对客观世界的不同看法。

1. 从理性主义角度

从理性角度来看，中国的理性主义趋于直观具体，西方的理性主义趋于抽象分析。这种思维方法的差异反映在语言表达方式上，一方面表现为词语概念的虚实转化，即英语常用抽象概念的词语表达一些具体事物和现象，汉语则化抽象为具体。另一方面是语序配列有差异，中国人"先重后轻"，西方人则"先轻后重"，中国人说"救死扶伤"，英美人则是 Heal the wounded, rescue the dying（扶伤救死）。

2. 从实用主义角度

很多英汉习语都能非常鲜明地反映两国人民不同的为人处世哲学。实用主义的人生观支配着大多数英美人，在爱情和战争中，可以不择手段（All is fair in love and war），抓到比没抓到的强一倍（A bird in the hand is worth two in the bush）。西方人以保护自我为目的的个人主义倾向使他们具有善于抓住机会、大胆冒险的特点，凡事总是"我来试试"（I'll try），"如果我这次不能成功，我将再试一试"（If I can't succeed this lime, I'll try again）是他们的口头禅。这些观念对于"礼仪之邦"的中国人来说非但接受不了，甚至会感到这种为人态度是可怕的、不光明正大的，甚至是不可取的。遵从以人为中心的人文主义传统，中国人长期以来形成了一套"君子固穷""君子喻于义，小人喻于利""不为祸始，不为福先""命中无有，不可强求""安分守己""知足常乐"

"明哲保身"等处世哲学。

3. 时间取向

时间取向受制于文化差异，各种文化都必须在过去、现在和未来三种概念的时间侧重点上作有所区别的选择。中国是一个传统导向的社会，儒家思想在中国几千年历史上一直占统治地位，传统的思想规则、方法延续至今仍为大家所认同，变成了集体的意识，规定着人们的行为。在时间观念上，中国是一个以过去取向为主的社会，凡事人们总要考虑过去如何，有什么成功的经验或失败的教训，今天如何做也往往以过去为标准。西方人尤其是美国人则立足未来，未来取向是他们的重要时间观念。英汉民族在用"前"与"后"分别指称过去与未来的概念上采取不同的观点和态度。中国人注重面对过去看问题，因而有"前无古人，后无来者""前所未有""后继有人""前车之鉴""后会有期"之说，而英语民族却恰恰相反。如：

the latest news 最新消息

the latest development 最新发展

英汉时间习语的取向差异还体现在时序上。例如：

But we are getting ahead of the story.

但我们谈到了故事后头的情节。

与汉语正相反，英语的"前"指未来，"后"指过去。"惩前毖后"的英译文是：Learn from the past mistakes to avoid future ones. 中国人请对方先走先吃、先做某事时说"您先请"，与此相反，英语的习惯说法却是"After you"。

四、英汉习语文化的来源对比

(一) 神话故事

神话是原始人想象力的加工创造。神话具有极强的民族性特征，是一个民族文化发展的土壤，因民族不同而不同。一个民族的神话对该民族的语言也会产生一定的影响。

在英语中，大多习语都与古希腊、古罗马等的神话故事有关。例如，Analthea's horn（吉祥之物）源于这样一个神话故事：据说希腊一神女Analthea，是罗马神话中宙斯（Zeus）的保姆。婴儿时宙斯由神女 Analthea 以羊乳喂养。为了感恩，宙斯敲下一羊角送给她，并许诺让羊角主人永远丰饶。后来就用 Analthea's horn 比喻"吉祥之物"。再如，Swan song 也源自一个传说：天鹅（swan）在临终前唱的歌最优美动听。后人就用 swan song 来比喻诗人、作曲家、演员等的"最后作品"。

在汉语中，来自神话故事的习语也十分常见。汉语的神话传说源远流长，代代流传下来，体现了灿烂的汉文化。汉语中这类习语有"嫦娥奔月""开天辟地""女娲补天""精卫填海"等。

（二）来自文学作品

英汉两种语言中有很多习语来自文学作品中的历史典故或者名人之言。

例如，英语中 wash one's hands of something（洗手不干……；与……断绝关系）就源自《圣经·马太福音》。据记载，犹太巡抚彼拉多主持审判耶稣，由于他判定耶稣无罪，一些犹太人不服，因此他当众宣布洗手辞职并交出了耶稣，以证明自己与此案无关。①

汉语中的习语也有很多出自文学作品，如"身在曹营心在汉""大意失荆州""桃园结义""刮骨疗毒""赔了夫人又折兵"等。

（三）历史事件

语言深受社会历史发展的影响。随着时代的变迁，新的语言相继产生，旧的语言逐渐消亡。历史文化的痕迹在习语中也有相应的体现。

英语中，来自历史事件的习语通常反映过去的战争方式和状况，或是描述历史上的一些宗教实践或猎人骑士的冒险经历。例如，sword of Damocles 来自这样一则古代希腊的历史事件：公元前 4 世纪在西西里岛上的统治者狄奥尼修斯一世有个亲信叫达摩克利斯，他十分羡慕帝王的豪华生活。狄奥尼修斯为了教训这个人，而在一次宴会上，要他坐在国王的宝座上，当他猛然抬头，只见头顶上有一把用头发悬着的宝剑，随时都有刺到头顶的危险。他吓得战战兢兢，时刻提心吊胆。后来，就用 sword of damocles 这一成语来比喻临头的危险或情况的危急。类似的习语还有 meet one's Waterloo（遭遇惨败），Columbus's egg（万事开头难），eat crow（忍受侮辱）等。

与英语相比，汉语中这类习语多为列国帝王将相之间的争权夺利，或是描述劳动人民反抗封建统治斗争的语言，人们借助这些史实来警示历史的教训，揭示某种深刻的哲理。例如，"卧薪尝胆""四面楚歌""负荆请罪""完璧归赵""三顾茅庐""兔死狗烹""抛砖引玉"等。

（四）行业用语

自从社会分工以来，人们所从事的职业千差万别，并逐渐把各个行业有关

---

① 张镡月. 英汉语言对比分析研究进展［J］. 校园英语，2018（34）.

的用语应用于生活之中。

英汉两种语言中有很多习语来自不同的行业，特别是发展最早的农业和工业，包括手工业，还有商业等。

（1）来自农业的习语。例如：

live on the land 靠种田为生

一年之计在于春

由于中国自古以来就是农业大国，因此与农业相关的习语特别多。而英国是一个岛国，英语民族的生活方式并不以农业耕作为主，因此英语中与农业相关的习语数目远没有汉语中的多。

（2）来自工业的习语。例如：

Between the hammer and the anvil.　腹背受敌。

（3）来自餐饮业的习语。例如：

bite off more than one can chew　不自量力

第八章　基于跨文化交际的英汉文化对比研究

在当今社会，经济全球化的趋势、政治多极化格局的形成以及信息技术的飞速发展都对文化产生了重要的影响，使文化呈现出多元性的特点。在这样的时代背景下，文化的融合，即不同国家、不同地区及不同民族间的跨文化交流具有十分重要的意义。本章主要从跨文化交际入手，分析了跨文化交际中的言语交际与非言语交际、禁忌与礼仪、运用失误现象，还探讨了英汉文化差异对交际的影响，同时探索了英语思维与跨文化交际能力及培养问题。

第一节　英汉文化对比的必要性——跨文化交际

一、跨文化交际的概念

随着交通工具的进步与通信手段的发展，不同国家、不同种族、不同民族的人能够频繁地接触和交往，这使得跨文化交际成为时代的一个突出特征。世界范围内的交际经历了五个阶段：语言的产生、文字的使用、印刷技术的发明、近百年交通工具的进步和通信手段的迅速发展、跨文化交际。①

跨文化交际指本族语者与非本族语者之间的交际，也指任何在语言和文化背景方面有差异的人们之间的交际。简单地说，指在特定的交际情境中，具有不同的文化背景的交际者使用同一种语言进行交际的过程就是跨文化交际。②从这一概念的界定看来，它要求交际双方必须来自不同的文化背景，交际双方必须使用同一种语言交际。

---

① 赵芳. "渗透式"跨文化交际能力培养模式研究［D］. 上海：上海外国语大学，2014.
② 王鲁妹. 跨文化交际中的"行为定型"研究［D］. 北京：首都师范大学，2014.

20 世纪 60 年代末 70 年代初，美国社会语言学家海姆斯（Hymes）提出跨文化交际能力的概念。他认为交际能力包括掌握语言形式规则和掌握语言使用的社会规则。通俗来讲，就是在合适的交际情境下讲合适的话，并恰当把握交际语言的语法性、适合性、得体性和实际操作性。其中适合性和得体性的实质就是语言使用者的跨文化交际能力。①

二、跨文化交际的本质属性

（一）有意识行为和无意识行为

在交际过程中，任何性质的符号都可用来交际，除了语言符号，更多的是非语言符号，包括各类行为。这是因为人们的行为有些是有意识的，而有些是无意识的。在社会化的过程中，人们的很多行为是无意识习得的，譬如站立、行走、身姿、手势乃至言语行为等。很多其他行为也同样是不知不觉学会的，并且可能在不知不觉中发生，尤其是非言语行为，如脸红、微笑、点头、皱眉头、伸舌头和眨眼睛等都会在无意识中自然流露。值得注意的是，这些行为一旦被观察或注意到时，客观上就传递了信息，交际也就发生了。研究表明，在正常交际中人们惯常的交际行为是无意识的，或意识性很弱；但在陌生环境中，人们的交际行为有时会是有意识的，或自觉的。这意味着在与文化背景相似的人交际和与文化背景不同的人交际时，交际行为是有差异的。前者往往是无意识的，后者往往是有意识的，至少两者之间在意识程度上有所区别。这也意味着在跨文化交际中产生失误或误解是不可避免的，因为不同的文化背景人的无意识行为可能与对方的文化规范相悖，而这样的无意识行为一旦被对方观察到，就会被赋予消极意义，从而会产生特定的反应。这一点在跨文化交际中应引起充分的注意。

（二）编码过程和解码过程

交际是一个编码和解码过程，信息交流是一个编码和解码的心理活动。具体地说，编码是把思想、感情、意识等编成语码（如言语或非言语行为以及书面语等符号）的过程；而解码则是对从外界接受的符号或信息赋予意义或进行解释的过程。有效的沟通，只有在发出信息的人和接受信息的人共享同一或相近的语码系统时才能实现，也就是说交际双方使用同一种语言说话。而且仅仅共享同一语言符号系统还不够，交际双方对其他相关因素的理解和把握也

---

① 刘荣，廖思湄. 跨文化交际［M］. 重庆：重庆大学出版社，2015：67.

许更重要。交际行为是文化和社会行为，它必然发生在社会之中，并受社会众多因素的影响和制约。

三、跨文化交际的必要性

跨文化交际作为人类的一种社会活动由来已久。人类从远古时代就开始了跨文化的交流。进入 21 世纪以来，跨文化交际更成为人们生活中不可或缺的一部分。21 世纪，进行跨文化交际成为一种趋势，跨文化交际的必要性主要体现在以下方面。

（一）交通和通信技术的发展

交通和通信技术的发展促进跨文化交际的实现。科学技术的进步改变了人类交往的方式和频率。特别是近几十年来，交通工具的发达和通信技术的发展大大缩短了人们之间的时空距离。各种交通工具如飞机、汽车的方便和快捷使人们到不同国家和地区进行文化活动成为很平常的事情，人们与不同文化背景的人或事接触的频率便大大提高。而通信技术的发展，无论是卫星电视还是电脑网络，都把世界各地所发生的事情几乎是同步地展现在人们面前，让人们足不出户就能知道世界各地发生的新闻，同时了解生活在不同文化环境中的人们的生活方式。科学技术的发展使跨文化交际成为人们日常生活的一部分，如何有效地进行跨文化交际成为人们普遍面对的问题。

（二）经济的全球化

跨文化交际的发展与目前经济的全球化有很大关系。经济全球化的最主要特征是全球经济的互相关联和互相依存，每个国家的经济发展越来越依赖国际大环境和地区间的合作与互补。遍布世界各地的跨国公司、合作项目的存在，促成了不同文化背景的人们在工作环境中进行跨文化的交流。为了提高工作效率，员工需要学会与不同文化背景的上司、同事和客户进行有效交流的方式。而公司也必须了解来自不同文化背景的客户的特点和需求，有针对性地开展商务活动，全球化的经济活动促进了跨文化交际的深入和广泛发展。

（三）国际交流与合作

当前国际的文化交流日益频繁。很多人到别的国家旅游、留学或从事各种形式的文化交流活动。中国的汉语教师到海外任教，中国学生到海外留学，外国人在中国学习汉语和中国文化，都是国际文化和教育交流的例子。这些文化的旅居者到别的国家并不是以移民为目的，也没有融入当地主流文化的迫切需要。但是他们需要适应新的文化环境，与当地人进行有效的沟通，建立良好的人际关系。他们在新的环境中常常会由于语言和文化的不同而产生心理上的不适或者交际上的障碍，感受到"文化休克"。如何在短期内适应新的文化环境，提高跨文化交际能力，就成为这些旅居者所面临的重要课题。

除此之外，跨文化交际是英语和汉语进行对比和翻译研究的必要结果。要想更好地了解和研究英汉语言对比与翻译，必须了解跨文化交际。

四、跨文化交际的原则

（一）质量原则

所谓质量原则就是在交际过程中交际话语应该提供足够而又不致让人产生误解的信息量。[①] 质量原则包括质和量两个部分，质的部分要求交际话语所提供的信息准确，而量的部分要求交际话语所提供的信息充分。交际是一个将信息在交际者之间不断进行传送和反馈的互动过程。如果达不到应有的质量原则要求，往往会导致交际中的误解甚至交际的失败。

（二）得体与适应原则

所谓得体是指交际中的言语和行为适得其所。由于交际的对象、目的和情境不同，因而存在交际的对应性，也就是说，交际中的言语和行为也要审时度势，因时、因地、因人而变以适应交际环境的变化。[②]

从交际行为来说，既要入乡随俗，又要维护自己、国家和民族的尊严。

入乡随俗就是尊重或者遵从对方的习俗和规范。例如，在西方社会，宴会上人们主要是用高脚的"glass"喝红葡萄酒，倒酒时一般只倒1/3杯，且通常是一口干了。而在中国，人们常用陶瓷小酒杯喝烈性的白酒，倒酒时一般要倒2/3杯。喝茶水时，西方人习惯喝凉水，往往给客人倒半杯的量，等客人喝干再添。而中国人则习惯喝热茶，给客人倒茶时往往是2/3杯的量，等客人喝完一部分就马上添加。

在交往中，有些不怀好意的人故意设计圈套或者陷阱，用以侮辱对方，使对方的尊严受损。这时应该机智地奋起反击，以维护自己乃至国家和民族的尊严。

---

① 李明雪，唐利芹. 跨文化交际与翻译策略［J］. 兰州石化职业技术学院学报，2019，19（1）.
② 张春艳. 高低语境下的跨文化交际策略［J］. 教育现代化，2019（36）.

（三）尊重习俗的原则

不同的国家、不同的民族甚至不同的地区、不同的社会群体有不同的文化结构和文化内容。每一种特定的文化模式，受各国、各民族、各地区和各阶层等多种因素的影响。其中，有物质环境的影响，如气候、地理条件、资源和人口等；也有社会环境的影响，如科学技术的发展、社会制度的特点、意识形态和外来文化，等等。这众多的"不同"构成了文化上的习俗差异。

第二节　跨文化交际中的言语交际与非言语交际

一、跨文化交际中的言语交际

（一）言语符号的交际功能

语言是人们用来传递信息的基础而实用的工具。例如，"It is very cold outside"传递了"外面很冷"的信息；"I am hungry"传递了"我"处于饥饿状态的信息。

语言也是人们建立关系的桥梁和纽带，因为语言可以设定交际的目的，表明交际的情感和态度等。语言还是人们进行交际的策略和手段。

1. 言语符号具有识记功能

言语符号是人们在长期的生活实践中总结形成的意义符号系统，其形、音、义都具有一定的稳定性，因而，人们可以学习认知、记忆储存、输出运用，以便完成对事物、事件、行为、规则等信息的记录与交流传递。例如，我们学习汉语词汇"毛笔"，掌握了其读音，是一种用来进行文字信息书写记录的工具，并与其具体的实物相联系来完成对"毛笔"的学习认知过程，在以后的任何时候，见到该事物就知道其名称和功能，并随时可以用来传递相关信息。

2. 言语符号具有表意功能

言语符号可以用来表述各种行为、事件、观念、关系以及观点表达等，用于构建社会群体间的社会关系，确立人们在一定群体范围内的位置和关系等。在交际过程中，交际含义会受到多种因素的影响和制约，因此言语符号可以用来表现三种相互依赖的社会和文化含义，即表象意义、倾向意义和组合意义。

3. 言语符号具有审美功能

言语符号可以按照一定的规律进行灵活组合而产生语音、语义，甚至形态上的美感。例如，英语中的"Was it I saw?"就蕴涵了"w-a-s-i-t-i-s-a-w"的字母回环美。英语句子"The crowds melted away"是指人群慢慢地散开，句中的 melted（像雪融化一样速度缓慢）就具有含义美。汉语也一样，如"品"是由三个"口"组成的，指原本可以一口吃（喝）完的东西分做三口来完成，是指享受其质量内涵的意思，从而也引申出汉语词语"品味"。再如汉语句子"僧敲月下门"，作者贾岛在用字上是经过反复斟酌的，最后选定"敲"。如果用"推"，在月夜推门，会让人觉得这个"僧"缺乏教养，对其产生行为"不端"的嫌疑，这与中国传统的"儒礼"相违背，因而，一个字上的斟酌让整个句子富含韵味。

（二）言语符号的交际局限性

言语符号系统是由文化群体内部长期使用而形成的基本固定的声音符号和文字符号所组成的。文化对言语的特殊语义成分和言语的结构模式都产生重要的影响，因而在不同的文化群体间符号所指与含义能指之间存在一定的差异性。①

1. 言语交际的结构性歧义

言语符号是一种有声、有形又有义的符号系统。具有区别于其他符号系统的个性特征。言语符号是由声音和形式组合起来的意群符号。人们既赋予言语符号声音，又赋予其一定的形式。有声是便于近距离的口头交际，有形即是便于远距离的书面交际。例如，会话时的话语、联系远方亲人和朋友的信函，都是传递信息的媒介。

在不同的文化群体之间，言语符号系统的差别很大，主要表现在声音、形式和含义三个方面。

2. 言语交际理解性歧义

人们赋予言语符号一定的声音、结构模式和含义。在交际过程中按照一定的规律来进行声音和结构的组合，从而形成一定的意义。

言语符号是一种约定俗成的意群符号，其含义具有一定的稳定性和延续性。人们可以通过学习掌握其形式、声音和含义。例如，"人妖"这个词，英语中表达为"lady boy"，是指与性别分离的平常人不同的一种人，他兼有男人和女人的特性。人们首先通过学习了解其含义，然后见到这个词就知道"人

---

① 张俊娜. 英汉语言对比分析［J］. 校园英语，2018（48）.

妖"或者"lady boy"是指一种不男不女的人。

另外，言语符号还是一种可变的意群符号。言语符号不是天生的，是经过长期发展改进形成的符号系统。

言语交际的含义需要经过适度的推理而获得。言语的含义有时往往隐含在字面含义之外。例如，明代学者解缙因讥讽那些不学无术的权臣"墙上芦苇头重脚轻根底浅，山间竹笋嘴尖皮厚腹中空"而遭到嫉恨。在一次宴会上，一位权贵蓄意羞辱他，故出上联：二猿断木深山中，小猴子也敢对锯（句）。解缙巧对下联：一马陷足污泥内，老畜生怎能出蹄（题）。这副对联的真实含义暗含在字句之外的谐音中。

二、跨文化交际中的非言语交际

（一）非言语交际的定义

跨文化交际指出非语言交际所获取的信息是对交际双方（输出者和接受者）都具有潜在价值的那些。从广义上讲，非语言交际是排除了语言行为以外的交际方式。狭义的非语言交际，是指在一定的语境下，受到多种因素影响，人类有意或者无意地发出的以及借助环境形成的交际方式，对语言交际起着辅助作用。[①]

（二）非语言交际的特点

1. 隐蔽性

由于教育的影响，在交际时，我们更重视的是口头表达和书面表达，有时会忽略非语言的交际行为。从习得顺序来讲，从我们出生到咿咿学语，非语言行为的习得是早于语言表达的。非语言行为实质上是一种潜意识行为，比如：尴尬时会脸红；生气时会咬牙切齿；紧张时会口吃等。这些行为很难人为加以控制，是自发的、潜在的。非语言动作常伴随着语言发出，而且这些动作往往非常细微，让人难以察觉。大多数从事国际汉语教育的教师都有这样一种感受，不论学生还是教师都很重视书面语和口语的表达，很少注意到非语言交际在教学过程中的重要作用。如：汉语声调是外国学生学习汉语的一大难点，在教学过程中，教师在纠音的同时配合一些手势、身势语，学生发音的正确性会有所提高。

---

① 杨惠英. 跨文化交际［M］. 西安：西北工业大学出版社，2016：36.

2. 真实性

语言有口语和书面语之分。语言表达时，用辞藻加以修饰和美化，可能很难准确判断字面意义背后的深层含义。中国有句俗话叫"百闻不如一见"，语言描述得再多，再仔细，也不如亲眼一见。这说明非语言交际才能体现出事物的原貌和真实性。语言交际是经过人的思维加工后生成的，在交际时，输出者留给接收者巨大的想象空间。只有面对面地交流，通过观察非语言行为，才能掌握确实的信息。测谎仪器利用机器测试人类的心跳、呼吸速度、体温、瞳孔大小等微表情以及行为动作便可较准确地判断出被测试者是否说谎。

3. 多维性

非语言交际不是孤立存在的，它必须依托于语境。在一定语境中，非语言行为的表义是明确的。但是一旦离开语境，它的表义就会比较笼统，让人无法准确推测出其中原委，从而无法体现交际价值。① 人们除了运用言语手段在交际时传递所要表达的信息以外，还会调动表情、手势、身势、服饰、时间、场景、语速、语调、颜色、气味、化妆等多种手段来进行辅助沟通。人们有意或者无意地做出一些非语言行为，我们在不同的环境中可以得到不同的信息反馈。如：与人会面时着正装，表情严肃，我们可以判断这是一场商务谈判；休假时，多数人喜欢穿着宽大的 T 恤衫、舒适的运动鞋，神情轻松。非语言交际必须存在于一定的语境之中，才会对语言交际起到辅助作用。其次，非语言行为是不同文化习得的产物，是人类文明发展形成礼俗规范的结果。再次，非语言交际是多学科研究的对象，与语言学、心理学、人类学等都有密切联系。

（三）非语言交际的功能

非语言交际对语言交际起到了辅助作用，这种辅助作用主要体现在以下几个方面：②

1. 重复

言语信息不能完全表达的，可以通过非语言行为的重复来进一步解释说明。如：在表示同意时，一边用语言给予肯定，同时一边点头，伴随的是赞同的表情和态度。点头起到的是重复指示作用。在指示方向时，我们会一边用语言描述，一边用手指向那个方向。

2. 否定

言语信息所传达的意思，不一定是真实或者准确的。非语言行为所传达的

---

① 杨芊. 英汉语言对比与中西文化差异探索 [M]. 青岛：中国海洋大学出版社，2018：164.
② 李建军. 跨文化交际 [M]. 武汉：武汉大学出版社，2011：91.

可能与语言行为所传达的信息完全相反，起到否定的作用。如：甲笑着对乙说"我要告诉你一个非常不好的消息。"这个时候乙可以推测出，甲是在开玩笑，甲的表情反映出，实际情况与语言描述相反。

3. 补充

可以对语言表达起到修饰和描述的作用。如在拒绝别人的时候，通常除了语言上的拒绝以外，我们会在胸前做双手交叉的动作，或者摇头和摆手。说抱歉时，脸带歉意会更加恳切。

4. 强调

非语言行为还可以加强语言表达时的态度。如：在为别人加油的时候，同时会握紧拳头，振臂高声呼喊；也可以用手掌轻拍对方的肩膀，给予鼓励。生气时，配合语言，流露出激动的表情，提高音量，甚至可能会有拍打桌子的动作出现。

5. 调控

非语言行为可以调控交流状况。交谈时，人们用手势、眼神、动作、停顿等暗示自己要讲话，或已经讲完，或不让人打断；以及向对方点头表示同意并让其继续讲下去；沉默表示给别人讲话的机会；将食指放在嘴边意思是"请安静"。

（四）非语言交际的分类

1. 体态语

体态语，指的是使用身体动作来进行非言语交际。据不完全统计，人类可以做出的姿势多达27万种，比能发出的声音还要多。[①] 体态语具体包括以下几个方面。

（1）身势

身势是人类最基本的生理属性，是身体所呈现出的状态和样子，包括坐姿、站姿、跪姿、蹲姿、卧姿、走、跑等。中国的谚语"坐有坐相，站有站相"就强调了身势的重要性，身体姿势可以反映出一个人的精神状态、社会地位、个人修养、性格特点以及职业情况。步履轻盈展示心情愉悦，身体健康；步履蹒跚，多半是年长者的步伐或者身体抱恙者；脚步沉重则预示着有心事，或者遭遇不幸；严肃拘谨时正襟危坐；自由闲暇时闲散而坐。身势还能反映出文化的深层结构。美国人崇尚自由，在交谈时，人们喜欢比较舒适的站姿，甚至在课堂上，也有老师双脚离地坐在讲台上与学生交流。传统的中国礼

---

① 张爱琳. 跨文化交际（第4版）[M]. 重庆：重庆大学出版社，2018：42.

仪认为"站如松、坐如钟",与人交谈时,无精打采、东倒西歪地站着或坐着是不礼貌的行为。调查发现,部分亚洲国家认为站立时双手交叉、抱臂站立是不礼貌的行为,而欧美国家却不这么认为。姿势具有一定的可控性,可以通过语言的提醒或命令加以改变,可以有自己习惯的先天姿势,也可以是后天学习形成的。

（2）眼部动作

透过眼部的动作、眼神的转换、目光的接触,交际双方很快就能达到信息的传递和交换。中国人为了表示礼貌,不会长时间直视对方,当和对方有目光接触时,会立刻回避。这体现了中国文化的含蓄和内敛的特质。而在一些欧美国家,较短的目光接触,会被认为是不尊重或者轻视。大多数中国人常常喜欢围观,而一些英语国家的人非常反感,认为这是一种没有礼貌的表现。

（3）面部动作

比起身体的其他部位,面部的动作应该是最为丰富的。通过面部表情,人类可以表现出态度和感情。普遍认为,人类的面部表情大部分都是先天形成的,后天影响或习得的只是一小部分。我们的喜怒哀乐可以从面部表情直观传达,因生理原因所表现出的面部特征,是人类所共有的,具有不可控性,但客观真实。

当然,因为面部动作变化莫测,我们难以辨认其具体含义,所以面部动作的表达也存在一定的模糊性。这源于不同的人对待事物的反馈不同,因而表现的程度也不同。在不同文化中,这一点尤为明显。大部分亚洲国家的人常常控制自己的情绪表达,会用比较委婉的方式来表达自己的态度,压抑自己的情绪,尽量避免将不满的情绪写在脸上。然而大部分欧美国家的人表达却要直接得多,他们不太习惯中国人太过委婉的表达方式,所以有的人会比较直接地表现自己对于事物的态度。

（4）头部动作

配合眼部动作和面部动作,头部也会随之做出相应反应。单一的头部动作表达的含义是模糊的或者并不包含任何实际意义。表示轻蔑、高傲的态度时,斜眼的同时头向斜上方抬起。点头时表示赞同,面带微笑、眼神真挚有力;如果点头的同时,带有轻蔑的、不屑的神情、冷笑或是苦笑,多是否定或不满。一些英语国家的人打招呼时,将下巴扬起,微笑并点头。近年来,受到西方文化的影响,中国人也会做出此类动作,但是常常是在熟识的人,或者同辈之间,如果对长辈也采用这样的打招呼方式,会显得不够礼貌。除此以外,头部动作还可以用于指示方向。在中国,点头有同意、允许、命令、承认、认可、感谢等意思。当和别人交谈时,要不时点头表示你正在认真倾听。摇头可表示否定、抵制、拒绝、禁止等。

（5）手部动作

运用手部动作来进行交流，成为非语言交际中最为细腻也最为核心的表达方式。和面部动作相比，手部动作表达更准确。前者适用于近距离交际，因此有一定的局限性。而且手部动作，在较远的距离仍然可以识别。在日常生活中，后者发挥了不可替代的作用。南美洲人交流时手势较多，而大部分亚洲人认为说话时指手画脚是缺乏教养的行为。手势动作还可以用于计数，中国人从右手拇指开始，一一弯曲手指计数，而有的英语国家的人是将一根根的手指掰开。此外，手势还可以用于方向、位置的指引，物体的描述等。

2. 副语言

与语言表达不同，副语言注重语言表达的方式，而非语言表达的内容。它是伴随着有声语言的那些没有语义的声音，也包括沉默，还可通过控制或变化音高、音量、音强、音色、音质、语速、语调、停顿等起到对语言的伴随作用。副语言主要体现在停顿沉默、声音修饰、话轮转换、非语言声音等方面。

3. 客体语

客体语即非语言交际中，信息的传递者（客体）与讲话者（主体）之间没有直接关系，信息是由主体根据客体的具体表现，运用生活和文化常识推理和联想来获取的。如果说副语言主要靠听觉来完成交际，达成信息的传递的话，那么客体语需要通过视觉和嗅觉来解码信息。客体语是借助个人所拥有的物品，有意或无意地展示了交际者的生活习惯、个人品位、性格特征、社会地位、职业特点和文化内涵等。我们都说第一印象非常重要，在还没有进行语言交流前，首先观察的便是体貌、着装、发型、妆容、装饰品等方面。不同的外表会给人留下不同的印象，预先为我们的语言交际做出判断，提供参考。

4. 环境语

环境语包括时间、空间、颜色、建筑设计与装饰等。它与我们所处的地理和自然环境有关。在非语言交际中，环境语是人为创设的生理和心理环境，它与客体语一样，都是一种客体呈现的信息。与客体语不同，客体语借助的是个人所有的东西和物品来传达信息，而环境语往往与个人联系不那么紧密。

第三节 跨文化交际中的禁忌与礼仪

一、跨文化交际中的禁忌

禁忌（taboos）是指通过禁止人们实施某种行为或者回避某些话语表达的方式来达到敬畏神灵和消灾避祸等目的的规范。[①] 禁忌在民间传承是一种极为普遍的文化现象，它属于人类精神文化中的心意民俗范畴。受禁忌的言行往往与崇高的、圣洁的，或是神秘的、罪恶的、不雅的，甚至肮脏的事物有关。禁忌的形成与一定的社会心理因素有密切的关系，目的是让人们对被禁忌的言行产生敬畏和避忌的心理影响。在一定的社会范围内，违反禁忌规范的言行将受到相应的责罚。

古往今来，就全球范围而言，不论是经济文化比较发达的国家民族，还是发展缓慢的民族部落，在他们的社会生活中都不同程度地存在着内容和形式或相同，或相似，或者完全相反的禁忌习俗。一般来说，禁忌的范围涉及神灵、伦理、生理排泄、性、疾病与死亡等。

禁忌是通过教育和传承的方式指导人们哪些言行是符合一定社会规范而可为的，哪些言行是不符合规范而不可为的。

交际行为的忌讳具体如下：[②]

在欧美国家里，讲究根据具体情况和场合选定得体的衣着，在正式的场合要着整洁端庄的服饰，在休闲时着休闲装。在交往中举止要得体，忌讳打听和介入他人的隐私。

在印度等一些国家忌讳摸小孩的头顶。

在印度、印尼、阿拉伯国家，忌讳用左手与人接触或传送东西。

在中国有很多民间忌讳，如满族人禁忌杀狗，吃狗肉。汉族忌讳带幼儿去参加葬礼或去坟地，忌讳半夜或雾天叫人的名字，忌讳半夜照镜子，忌讳给将死之人穿红色衣服等。

---

① 陈静，高文梅，陈昕. 跨文化交际与翻译 [M]. 成都：电子科技大学出版社，2017：29.
② 杨可心. 跨文化交际 [M]. 沈阳：东北财经大学出版社，2014：70.

二、跨文化交际中的礼仪

所谓礼仪是人们生活和社会交往中约定俗成的言语和行为规范。礼仪是人们在社会交往中由于受历史传统、风俗习惯、宗教信仰、时代潮流等因素的影响而形成的具有广泛认同性的并以建立和谐关系为目的的行为准则或规范要求的总和。① 礼仪是人们日常生活和工作中的行为规范，是人类文明的结晶，是社会文明的重要组成部分。

由于礼仪是人们在社会、道德、习俗、宗教等方面的行为规范，因而是人们思想水平、文化修养和交际能力的一种外在表现形式。

交往在于沟通，沟通基于理解，理解源于互动，互动终于结果。礼仪被视为交往的艺术，是待人接物的规则，也是体现个人素养的重要标志。礼仪可以产生力量，既有利于建立人与人之间的感情，也有利于维持社会与家庭的秩序，甚至有利于维护国家间的关系，等等。在交往过程中，强调以礼待人，正确把握礼仪的尺度有利于处理好人与人的关系，使交际者在尊重他人的同时也得到他人的尊重。

得体的礼仪是交际成功的基础。交际中的礼仪具体表现在行为礼仪和语言礼仪两个方面。

1. 行为礼仪

所谓行为礼仪是指人们在交际中所表现出来的符合一定宗教、道德规范要求的具体行为。

礼仪具有明显的区域和民族差异性。以见面礼仪为例，有的国家行握手礼（如中国、美国和一些欧洲国家），有的国家行亲吻礼，有的国家行拥抱礼（如阿拉伯国家），有的国家行鞠躬礼（如日本）等。

2. 言语礼仪

20 世纪 80 年代英国语言学家利奇（G. Leech）从语用学和人际修辞的角度对交际活动中的礼貌原则进行了新的归类：得体（decency）、慷慨（generosity）、赞誉（recognition）、谦逊（modesty）、一致（consistency）和同情（sympathy）六个准则。②

利奇的礼貌原则的构建注意自身、尊重他人，二者兼顾，更符合言语交际的本质，因为言语交际是一种由反馈调节的双向交流过程，参与者双方的理解和合作是成功交际的关键所在。

---

① 杨惠英. 跨文化交际［M］. 西安：西北工业大学出版社，2016：82.
② 窦卫霖. 跨文化交际基础［M］. 北京：对外经济贸易大学出版社，2017：134.

　　由于文化背景不同，礼仪的表达方式存在很大差别，在一个国家或者民族被认为是礼貌的表达方式，在另外一个国家或者民族有可能是不礼貌的行为和方式。

　　在言语表达方式上的体现：西方人对是非观念的表达直接而明确，而中国人却表现得含蓄而模糊。①

　　礼貌是社会群体共有的普遍现象。但世界上各民族都有其独特的原则或准则，各有各的讲究。不同文化背景的人相互交往，按各自的礼貌原则行事，往往会产生误解或冲突。因此，各社会群体所遵循的礼貌原则在多大程度上有共同之处是值得研究和探讨的。尤其对跨文化交际研究来说，对其差异的探索似乎更为重要。

第四节　跨文化交际中的语用失误现象

一、语用语言失误

　　语用语言失误是指语用者在交流过程中因为对双方所使用的语言的形式和功能缺乏恰当理解而无法完美表达用意产生的失误。托马斯（Thomas）认为②，当说话人在某一表达中使用的语用方式与将该语言作为母语使用的说话者在这一表达中经常使用的语用方式不同时，就会产生失误。因此，语用语言失误从另外一个角度上讲，是指说话人不能够得体地使用他所知道的语言结构规则，更确切地说，是指他在表达自己的特定意图或实施具体的言语行为时，不能够使用本族语者在同样场合使用的语言结构而造成的失误。何自然对造成语用语言失误的原因分析包括：违反以英语为母语的本族人的语言习惯；误用英语的表达方式；食用母语的表达结构；忽略某些句式在特定场合下可能带来的特殊含义等。例如：学生在课堂表演银行场景的对话时用如下的英语表达：

Student A：Good Morning, sir. What is the business you want to do?

Student B：Good Morning. I want to take some money out.

Student A：Ok. Please hand me your card, and then you input your secret number.

---

① 李建军. 跨文化交际 [M]. 武汉：武汉大学出版社，2011：133.

② 陈静，高文梅，陈昕. 跨文化交际与翻译 [M]. 成都：电子科技大学出版社，2017：94.

Student B：Thank you.

在这组对话中，学生显然是因为对英语语言使用形式的片面理解而错误地套用自己母语的表达方式，使用了英语为母语的人们无法理解的词语，造成典型的语用语言失误。对话中"您需要什么样的帮助"更好的表达方式为：How can I help you？从卡里提出存款，应该表达为 I want to withdraw some money, please。而卡的密码的正确表达方式应该是 password 而绝非 secret number。

二、社交语用失误

社交语用失误指交际中因不理解谈话双方文化背景差异，导致语言形式选择上的失误。它与谈话双方的身份、语域、话题熟悉程度有关。何自然对造成语用语言失误的原因分析包括：举止方式差异、称呼差异、价值观念差异，以及不注意谈话对象的身份或社会地位而导致的社交语用失误等。与语用语言失误不同的是，社交语用失误指的是说话人因为对其所使用的交际规则等缺少充分理解导致交际无法成功实现。[1] 例如：很多外国专家在谈论我们在跨文化交际中存在的问题时都会列举这样的例子：我们的留学生到美国人家里做客时，作为最基本的礼貌常识，美国朋友通常会问道：Would you like some coffee or tea？而我们学生的回答，通常都是 No, no, don't take the trouble. I am not thirsty. 即使他很渴，很想喝点东西，但是他头脑中已经根深蒂固的文化告诉他，一定要先客气，推让是礼貌的表现。而他恰恰忽视了这样个事实：美国是一个典型的低语境文化的国家，与中国、日本等典型高语境文化国家不同的是，他们认为你表达的就是你内心所想的，因而理所应当的不会为你准备饮品。

还有，我们都非常熟悉的见面时中式客套语：Did you have your dinner yet? 这原本是中国人之间一句很随意的问候语，可是外国人会很容易理解为你要请他吃饭。

另外，当受到外朋友当面表扬时，我们的正常反应是谦虚最重要。因此外国朋友说 Your new handbag is very smart 时，我们很多人都公马上回答：It's not beautiful at all. It's very cheap. 这样的回答通常会让国际友人摸不着头脑，更不要说进一步交流了。

---

① 滕达，邹积会，何明霞. 跨文化交际探究［M］. 哈尔滨：哈尔滨地图出版社，2010：80.

第五节　英汉文化差异对交际的影响

一、英汉思维的差异对交际的影响

（一）对语言交际的影响

随着社会经济的迅猛发展和我国对外交流的不断扩大，英语已经成为国际交流的主要手段。中国人在传统的"天人合一"自然观、社会观的指导下，人们的语言交流以"含蓄""变通""间接""迂回"为特点。如在请求中，我们多采用"陈述加请求"的交际结构方式，即先说明情况，然后提出请求。而西方人则相反，习惯于古希腊式的逻辑思维和语言风格，开诚布公，简明直接，多采用"请求加陈述"的交际结构方式，先提出请求再陈述情况，与我们大不相同。因此，在实际交往和交流中，充分了解双方的思维差异，才能更好地达到有效交流。

（二）对书面交流的影响

思维方式同样影响着文本的谋篇布局。中国人倾向于整体思维，写作注重思维的顺序性，结构的完整性和表达的整体性，文章通常有头有尾，前因后果来龙去脉叙述清晰。而纵观西方的文学作品，整体时空感欠强，倒叙、插叙频繁，意识流、蒙太奇式的片段较多。例如中国学生在英文写作中，语法结构和词汇运用上问题较小，表述清楚，但是作文在美国人看来却是毛病不少，尤其表述烦琐冗长，结构拖沓松散。其主要原因是由于不同的思维模式形成的不同写作风格而导致。

（三）对商业行为的影响

跨文化的商务交际是不同文化背景下人们之间的商务交流，包括商务礼仪、商务谈判、商务契约等等行为活动。了解不同文化背景、文化心态、风俗习惯下形成的不同的思维方式和表达习惯，直接决定着商业活动的成败。西方文化是契约文化，他们非常注重契约的精确性和执行性，也非常尊重契约的权威性，契约一旦生效就会严格遵守。而东方文化的传统伦理思想注重的则是人伦人情关系，追求心理上的认同和谐和一致，对于企业规则和合同契约往往认为是对相互间理解和信任的补充约束。因此，"以和为贵""和气生财"的价值取向和思维模式在商业的经营活动中即表现为强调均富、稳定、合情和等价。而西方文化的个体主义价值观和思维方式，强调个人成就，鼓励个人奋斗和实现自我价值，并以契约的形式成为联系个体和集体的纽带。所以要深入了解不同文化下产生的不同思维方式，跨越思维习惯差异下形成的商业活动的交际和沟通障碍至关重要。有效规避跨文化障碍和文化冲突，是实现国际商务活动顺利进行的重要保证。

二、英汉礼貌用语的语用差异及对交际的影响

（一）谈话的话题不同

在英美社会中，人们深受自由平等思想传统的影响，强调个体和个人价值，个人主义价值观（individualism）成为英语文化的主流。人们追求平等、独立和自由。个人利益、个人权利、隐私和自由都被认为是神圣的，不可侵犯的。在语言交际中，这种价值观表现为尽量突出自我，尊重自身权利及自由，主张个体价值至高无上。与外国人交谈，要避免一些不该问的问题。个人的经济收入、婚姻状况、年龄、政治倾向和宗教信仰，都是西方人不愿意别人问及的，这是他们的私事。而中国人聊天时则喜欢打听对方的经济状况、年龄和婚姻状况等个人情况，以表示关心。例如："你结婚了没有啊？""你一个月收入多少啊？""你多少岁了？"等问题。在英美，提出诸如上述的问题会被认为是非常无教养的、冒昧无礼的行为。而类似的问题在中国人看来，是体现出对人的关心或表示双方关系不一般。由于中国文化以家庭为其基础，讲究人与人之间的相互关心、开诚布公；强调人的社会性、集体精神，强化社会、群体对个人的约束。这种重视公众化（public）的文化背景根深蒂固，与英美人重视私人的、个人隐私权（privacy）之文化截然不同，所以产生了以上礼貌方面的禁忌，并带来双方交际中的障碍。

（二）委婉语使用的语用差异

1. 有些委婉语字面意义相同而文化内涵迥然

英汉语言中存在一些字面意义相同而文化内涵不同的委婉语，这是我们在对外交往过程中要特别注意的问题。例如，汉语中"归西"和英语中"go west"都是"死（die）"的委婉语，表面看来完全一样，但实际上完全不是一码事。汉语中"归西"的"西"指"西方极乐世界"，由佛教语而来；英语中的"go west"本意是"日落西沉"。汉语的"归西"实质上同英语国家基督教徒所说的"go to heaven"（上天堂）相近。

2. 委婉语的使用受到了语境、对象和意图的制约

现在，委婉语渗透于各个领域，用语动机也更为复杂，有时出于避讳、欺诈或恐惧心理，有时出于尊重、礼貌、拘谨或顾及受话人感情的心理。受话人在理解委婉语的时候，除了要确认指称意义外，还要结合语境解释说话人的意图，体会言外之意。由于委婉语的意义不是符号与客观存在的简单、直接结合的产物，而是在说写者的智力以及语境和非语境因素的干预下，语言符号所折射出的会话含义，所以在交际过程中常常会出现误解或不理解的情况。在双语交际中这一点表现得尤为突出。缺乏经验、文化知识是一方面，不了解委婉语的特征和生成过程也是重要原因之一。

3. 英汉委婉语的个性是跨文化交际的一大障碍

许多带有语言、文化个性的委婉语影响了跨文化交际的正常进行。如，"金饭碗"（a gold bowl）、"寻花问柳"（searching for flowers and inquiring after willows）、"令尊"（Your honorable father）等等，把这些汉语委婉语一字不差地翻译成英语会让西方人百思不得其解。同样，把用来替代 unresponsive or tomatoes patients 的委婉语 vegetables 翻译成"白菜"中国读者也会感到不知所云。在西方国家，年龄是个十分敏感的问题。老人对"老"（old）及"年龄"（age or aging）更是敏感。这说明西方人不服老，不倚老卖老；另一方面因为西方社会随着年龄的增大而带来一系列社会问题，如失业等。因此，英语中出现了 senior citizen（年长的公民），advantage in the age（年龄的优势）。seasoned person（有经验的人等）。在汉语中有"古稀之年""高寿""夕阳红"等。除此之外，汉语中常在姓氏前面加一个"老"字表示对对方的尊敬，如，老李。同时"老"字还是一种资历地位的象征，如老革命、老前辈、老总等。解读语言符号中的象征意义和文化含义完全依赖于个人的经验和知识结构。① 如果缺乏有关的经验和常识，又不了解委婉语的特点，忽视了会话过程中制约语义指向的语境因素，即使与说话者生活在同一文化里，彼此之间也很难真正地沟通。

综上所述，委婉语具有重要的社会功能，它既可以维持语言禁忌，又可以保持良好的人际关系，促进言语交际的正常进行。英汉委婉语存在着根植于不同传统文化的差异性。同时它也深深地根植于社会生活中，与人们的日常生活有着千丝万缕的联系。事实上，委婉语的使用早已成了人们生活中的一种必需，是每一个社会人所必须关注的常识。研究英汉委婉语的差异，了解英汉委婉语对跨文化交际的影响，在跨文化交际过程中恰当地使用委婉语有助于我们

---

① 杨东焕. 浅议英汉委婉语的差异对跨文化交际的影响 [J]. 学理论，2009（29）.

更得体地进行交流。

第六节　英语思维与跨文化交际能力及培养研究

一、英语思维

人类的思维过程就是运用语言工具进行思维组织、意识架构的建筑过程。语言是形式和内容的统一，是声像和表象的统一，是语言文字、实物表象与抽象概念"三者"的统一。所以，人类的语言就是一个多层面建构起来的复合体。语言是从表象中概括抽象出来的，它不能离开表象而独立存在，我们要遵守语言思维形成的这个规律，在学习和接受语言时，要领悟语言的内涵，就要具体探求语言所指的实物表象；要明确语言的概念，就要研究事物表象所具有的外延形式和内在性质，这是人类意识循序渐进或螺旋式上升的基本形式。

修炼语言的思维要遵守事物的基本规律，从简单到复杂、从低级到高级、从单一到组合、从孤立到包容。下面介绍一些语言思维修炼的基本方式方法，以及英语思维养成的方法、途径、原则。我们先要掌握一定的词汇量，不能死学死记，也不能机械地学习，一个汉字一个英语单词这样学习的效果并不好。语言是语形、语音、语义三位一体的辩证统一，所以学语言的时候要建立语形、语音、语义的相互关联、辩证统一。在学习语形时，既要知道这单词怎么写，又要知道它怎么发音和所代表的含义。这些都要在大脑思维中同时进行，并产生大脑镜像，即这个单词的具体镜像是什么样的图形、是什么样的物体、是什么样的事情。在使用英语时，我们的大脑就可以直接产生英语相关的大脑镜像，直接理解英语的具体含义，不需要从英语到中文、再到英语的过程。

在学习英语的过程中，从英语到中文再到英语的思维过程是客观存在的。

用美国语言学家乔姆斯基的观点转换生成语言学来看，主要包括基础和转换两个部分，基础部分生成深层结构，深层结构通过转换得到表层结构，语义部分属于深层结构，并为深层结构做出语义解释。语音部分属于表层结构，并为表层结构做出语音解释。这样用汉语说英语在深层结构的语义和表层结构的语音上都是错误的。①

从英语到汉语再到英语的思维过程中，中间还要有母语的思维，思维也是

---

① 安小可. 跨文化交际［M］. 重庆：重庆大学出版社，2019：73.

需要时间的，同时，中间转化成母语，再输出目标语言，这样的错误率相对来说是比较高的。

要解决这个问题，只有掌握了语言的逻辑思想规律和最根本的语言法则，才能在英语和母语之间自由转化，实现英语思维，像母语一样自由使用。语言的符号语言点、线、形以及元语言和元思维是我们进入英语思维的最有效的途径，因为符号语言点、线、形，元语言、元思维本身就是事物最根本的逻辑思想规律，是我们理解和学习语言从一种境界到另一种境界升华的必由之路和最有效的路径。

英语是符号语言点、线、形三要素形成的文字，英语所有的记忆都会被大脑分解成最简单的形式，存储在大脑相关的记忆区里，用的时候再以最简单的方式调出组合成具体的文字信息。巴赫金（Bakhtin）认为，个人意识依靠符号、产生于符号，自身反映出符号的逻辑和符号的规律性。单个意识本身就充满着符号，因为意识是在集体的、有组织的社会交往过程中，由创造出来的符号材料构成的。只有交流思想及相应的符号内容，只有在社会的相互作用过程之中，意识才成为意识。①

这些都跟元语言和元思维的调用组合和逻辑思想相关联。大脑存储知识信息点之间的相互作用，就产生了知识信息点之间的逻辑判断，各种相同信息的知识信息点就形成信息链，让大脑进行它需要信息的选择，在大脑思维后输出信息。这就是大脑知识信息点之间相互作用的触发定律、信息链之间的合理选择定律、信息思维的理解定律。由此可见，大脑中的英语信息点和汉语信息点的信息相同，就会形成一个信息链，让大脑快速合理选择思维、输出信息。

因此，我们要把握语言文字基本转化的逻辑思想规律。元语言和元思维是各种语言文字和思维思想的总括，不是机械的总括，而是思维意义上的总括。元语言和元思维可以操作各种语言文字和思维思想，使各种语言文字和思维思想在元语言和元思维平台上互相会话、互相理解。元思维跟英语思维和母语思维都不矛盾，而是兼容并包。母语越好，大脑存储的知识信息点就越多，语料也就越多、越好，思维就越活跃越丰富，这些知识信息点同时也促进了英语的学习。

只有掌握了元语言和元思维的逻辑思想规律，才能有效学习英语和母语、使用英语和母语，兼容并包，有效地提高英语水平。掌握元语言和元思维的逻辑思想规律，就可以科学规律的学习英语，用元语言和元思维在英语和母语间架起一座语言和思维的桥梁，实现互通互容，合二为一，成为一体。英语和母语最后都统一为元语言和元思维，这样就不存在思维障碍，不存在反应时间，不存在英语是英语、母语是母语，从而实现英语母语化交流。

① 刘荣，廖思湄. 跨文化交际［M］. 重庆：重庆大学出版社，2015：75.

二、跨文化交际能力

跨文化交际能力是个体所具有的内在能力，能够处理跨文化交际中的关键性问题，如文化差异、文化陌生感、本文化群体内部的态度以及随之而来的心理压力等。[①] 这种能力并非与生俱来或一蹴而就，必须经由一段教育与学习的过程才能慢慢习得。

跨文化交际是一个多学科交叉、跨越性很强的新兴学科，这种跨越性决定了跨文化交际能力的立体性。跨文化交际能力是 20 世纪 90 年代针对跨文化交际人才培养提出的一种能力范式，它强调交际者跨文化敏觉力、跨文化意识和处理文化差异的技巧和灵活性。这三个部分不是孤立存在的，它们之间有着紧密的联系和层级关系，即跨文化敏觉力处于最低层，处理文化差异灵活性处于最高层，跨文化意识则处于两者之间。换句话说，只有当交际者对各类文化差异萌生了敏锐的意识，才可能产生宽容的文化态度和交际的兴趣，面对不同的跨文化情景进行积极的自我调适，跨文化意识也渐次增强，进而采取灵活自如的处理方式，由此达到很高的跨文化交际效能。据此我们可以看出，跨文化能力的培养是由低到高、循序渐进的过程。

三、跨文化交际能力的培养

(一) 培养跨文化敏觉力

关于交际者跨文化敏觉力的培养，首先要做的就是克服两大障碍。因为在跨文化交际的初期总是存在一些交际障碍。

障碍之一是刻板印象。刻板印象忽视个体区别，一旦形成便不易改变。它僵化了交际者的头脑，使得交际者不能客观地对待另一种文化，失去交际应有的敏觉力，在观察他国文化时只注意与自己的刻板印象相符合的现象，而忽略其他更重要的差异信息。它妨碍交际者与不同文化背景的人相处，不利于顺利开展跨文化交际。因此，必须尽量克服由于刻板印象带来的负能量。对教师来说，在文化课上应尽量避免用带有刻板印象的话语，并提醒学生注意普遍文化概念下的个性差别。

跨文化交际中的障碍之二是民族中心主义，即习惯以自己民族的价值观衡量其他文化，从自己的文化角度出发，以自己的评判标准评价对方交际者。一

---

① 单晓晖. 跨文化交际基础 [M]. 北京：对外经济贸易大学出版社，2015：19.

且发现与自己的预期不同，就会对对方产生敌对情绪而引起文化冲突。

文化对比法是跨文化能力培养中克服刻板印象和民族中心主义的主要手段，是指通过对比了解自己和他者各自的特性。文化对比法的实施要求交际者摆脱自身文化的约束，避免简单化的定式思维，将自己置于他文化模式中，在理性、平等的立场中感受、领悟和理解另一种文化。当然，对比教学法首先要求教师理解他国文化并选取典型文本解释其中的文化元素，帮助学生更充分地理解文本的语言信息和渗透其中的非语言信息，并与自己本土文化中的相应文化元素进行对照讲解，引导学生在解读过程中有意识地去寻找文化差异。

交际参与度是跨文化敏觉力的最佳指示变量，意味着要想通过跨文化敏觉力来提高跨文化交际能力，最有效的是加强交际参与度，从而对跨文化交际能力产生影响。因此，除了文化对比法以外，教师还要鼓励学生积极参与具体的跨文化交际训练和实践，并努力为他们创造跨文化交际的机会，这是培养他们克服刻板印象和民族中心主义的最好途径。

综上所述，无论是为了克服刻板印象和民族中心主义带来的两大交际障碍，还是旨在培养交际者对语言背后文化的解读和参悟，形成较强的跨文化交际敏觉力，都需要课堂上教师有意识地进行文化对比教学和其他形式的文化拓展讲解，更需要尽量给学生创造跨文化交际训练和实践的机会。这样，才能让他们树立良好的自信心，能够在具体的交际情境中调适自我，从容地应对交际中出现的各种复杂状况，最后顺利实现交际目标。

（二）培养跨文化认知能力

培养跨文化认知能力不但包括培养交际者的跨语言交际能力，还包括培养交际者的跨文化交际能力。语言交际与文化交际是不可分割的，语言交际是文化交际的一部分，它为文化交际服务并反映着文化交际。

在跨文化交际语言能力的培养上，首先应该重视的是词汇层面。词汇本身的新陈代谢映射了相关文化的发展信息。因此，教师在单词讲授的过程中，穿插一些跨文化交际知识，既利于培养学生的跨文化交际意识，又让枯燥的词汇学习变得生动有趣。讲解词汇时利用相关的谚语、典故、名句等融入课堂不失为一种有效的方法。

除了词汇学习以外，句子陈述的跨文化培养也很值得重视。在讲解句子的时候，不但要讲解此种句子的语体风格适合在什么场合下使用，还要分析这种句子适合用在什么身份的交际对象上。句子的语气也是举足轻重的，如请求语气的句子适合于与长辈说话或者请教别人帮忙时，而命令语气的句子则是用在命令下属或者孩子，如果没有掌握两种句子的区别而把语气用反了，在跨文化交际中很容易引起不必要的文化冲突。

另外，句子通顺与否、语法是否正确等也是教学中需要注意和训练学生的部分。在语法学习过程中，要注意比较外语语法与汉语语法的异同点，不要受汉语思维特点的制约，同时，在学习语法结构时，要强调其文化和交际功能。

除了要培养交际者的跨语言认知能力外，还要培养其跨文化认知能力，即跨文化意识。培养跨文化意识第一步就是要让交际者从观念上消除偏见和歧视，认识到文化没有优劣之分，以平等的心态对待各个民族的文化和人。培养跨文化意识的第二步就是拓展交际者的跨文化知识和眼界，树立多元文化心态和宽容的文化态度。培养跨文化意识可以通过以下途径来实现：①在语言学习的听说读写各种技能训练中培养跨文化意识；②在外语活动中体验外国文化，主动结交各国朋友；③在各种旅行活动中，主动积极地营造跨文化交际的机会。总之，我们对文化差异了解越多，体验越多，越容易对他国文化采取接受和宽容的态度；同时，移情也有利于培养对文化差异的宽容性，我们一旦能从对方的角度考虑问题，就已经具有很强的跨文化意识了。

（三）培养跨文化行为能力

其实，无论对跨文化敏觉力的培养，还是对跨文化认知能力的培养，最终都是为了使交际者在跨文化交际中能够进行灵活交际，也即是跨文化行为的灵活性，这三者不是彼此截然分开的，而是互相依存的关系。跨文化敏觉力的培养包含跨文化认知能力和跨文化行为能力，而跨文化认知能力的培养中也融入了跨文化行为能力，跨文化行为能力的培养势必以跨文化敏觉力和认知能力的培养为基础，并且是对这两种能力的一种巩固和融合。

跨文化行为能力即跨文化行为的灵活性，是跨文化交际能力的核心要素。它首先包括交际者能够根据交际双方的文化背景和个性特点，灵活地调整自己的交际策略和行为，尽量向对方的交际规则靠近（以不违反自己的交际原则为前提），减少差距，营造和谐交际氛围，同时，灵活处理因文化差异而引起的文化冲突，在处理冲突时，交际者要善于运用恰当的语言阐述自己的文化困惑，介绍本族文化行为规范，弄清对方的文化习俗，找出冲突的解决途径，达成共识，完成交际任务。根据美国学者陈国明的所述，跨文化行为能力包括信息传达技巧、自我表露技巧、行为的灵活性、互动管理以及认同维护技巧等五个方面。当学生学习了跨文化行为能力的五个要素之后，教师分阶段、有层次地组织跨文化实践是培养学生跨文化交际行为能力最有效的途径。①

---

① 王国华. 英语思维与跨文化交际能力研究［M］. 北京：北京日报出版社，2019：160.

参考文献

[1] 刘荣，廖思湄. 跨文化交际 [M]. 重庆：重庆大学出版社，2015.

[2] 李建军. 跨文化交际 [M]. 武汉：武汉大学出版社，2011.

[3] 安小可. 跨文化交际 [M]. 重庆：重庆大学出版社，2019.

[4] 杨惠英. 跨文化交际 [M]. 西安：西北工业大学出版社，2016.

[5] 张爱琳. 跨文化交际（第 4 版）[M]. 重庆：重庆大学出版社，2018.

[6] 窦卫霖. 跨文化交际基础 [M]. 北京：对外经济贸易大学出版社，2017.

[7] 陈静，高文梅，陈昕. 跨文化交际与翻译 [M]. 成都：电子科技大学出版社，2017.

[8] 杨可心. 跨文化交际 [M]. 沈阳：东北财经大学出版社，2014.

[9] 单晓晖. 跨文化交际基础 [M]. 北京：对外经济贸易大学出版社，2015.

[10] 郭艳红. 英汉语言文化的对比研究 [M]. 长春：东北师范大学出版社，2019.

[11] 赵璐. 基于语言与文化对比的英汉翻译探究 [M]. 长春：吉林大学出版社，2019.

[12] 薛锦. 英汉语言对比分析和研究 [M]. 汕头：汕头大学出版社，2019.

[13] 王轶普. 多元环境下英语语音教学改革创新研究 [M]. 长春：东北师范大学出版社，2019.

[14] 陈小勋. 英汉语言的对比研究 [M]. 长春：吉林大学出版社，2019.

[15] 郭惠琴. 英汉语言对比与翻译研究 [M]. 北京：北京工业大学出版社，2019.

[16] 燕频. 语言学视角下的英汉翻译探究 [M]. 长春：吉林大学出版社，2019.

[17] 孙庆梅，白晶. 英汉语言文化对比研究 [M]. 北京：中国铁道出版社，2018.

[18] 徐跃. 英汉语言对比及文化差异 [M]. 成都：四川大学出版社，2018.

[19] 崔建斌. 英汉语言对比与中西文化差异研究［M］. 成都：四川大学出版社，2018.

[20] 郭蕾. 英汉语言对比与中西文化差异研究［M］. 北京：现代教育出版社，2018.

[21] 杨芊. 英汉语言对比与中西文化差异探索［M］. 青岛：中国海洋大学出版社，2018.

[22] 朱晓东. 英汉语篇对比与翻译［M］. 长春：东北师范大学出版社，2018.

[23] 田华. 英汉对比与翻译［M］. 沈阳：辽宁大学出版社，2018.

[24] 林莺. 中西语言文化对比研究［M］. 武汉：华中科技大学出版社，2018.

[25] 胡蝶. 跨文化交际下的英汉翻译研究［M］. 长春：东北师范大学出版社，2018.

[26] 李华钰，周颖. 当代英汉语言文化对比与翻译研究［M］. 长春：吉林人民出版社，2017.

[27] 侯志利. 跨文化交际中的英汉语言文化对比研究［M］. 北京：中国文联出版社，2017.

[28] 苏婕. 英汉语言对比与文化差异研究［M］. 长春：吉林大学出版社，2017.

[29] 张娜，仇桂珍. 英汉文化与英汉翻译［M］. 成都：电子科技大学出版社，2017.

[30] 朱风云，谷亮. 英汉文化与翻译探索［M］. 北京：北京理工大学出版社，2017.

[31] 梅明玉. 英汉语言对比分析与翻译［M］. 杭州：浙江大学出版社，2017.

[32] 赵友斌. 中西文化比较［M］. 长春：吉林人民出版社，2017.

[33] 刘娜. 英汉基本颜色词对比研究［M］. 北京：国际广播出版社，2017.

[34] 张肖鹏，吴萍. 英汉语比较与翻译［M］. 成都：电子科技大学出版社，2017.

[35] 李军胜. 英汉语言文化对比与翻译研究［M］. 北京：地质出版社，2016.

[36] 许菁. 英汉语言跨文化对比与翻译探析［M］. 长春：吉林大学出版社，2016.

[37] 吴得禄. 英汉语言对比及翻译研究［M］. 成都：电子科技大学出版社，2016.

[38] 吴坤. 英汉对比与译作赏析［M］. 银川：宁夏人民出版社，2016.

[39] 宋引秀. 英汉语言与文化对比研究［M］. 北京：中国商业出版社，2014.

[40] 邓李肇. 英汉语言文化对比及翻译研究［M］. 长春：吉林大学出版

社，2014.

[41] 孙永君. 英汉语言文化对比与翻译研究［M］. 北京：中国时代经济出版社，2014.

[42] 陆莲枝. 英汉语言对比与中西文化差异探究［M］. 北京：中国商务出版社，2014.

[43] 李延林，夏志明，谢孝兰. 论英汉文化翻译研究［M］. 成都：电子科技大学出版社，2014.

[44] 贾正传. 英汉比较与翻译读本［M］. 南京：南京大学出版社，2014.

[45] 闫丽君，杨林. 英汉语言文化对比与翻译［M］. 银川：宁夏人民出版社，2013.

[46] 刘学明，高大鹏，姜丽杰. 英汉语言文化对比与翻译研究［M］. 北京：中国商务出版社，2013.

[47] 张敏. 英汉语言对比与英语教学研究［M］. 成都：电子科技大学出版社，2017.

[48] 李建军，盛卓立. 英汉语言对比与翻译［M］. 武汉：武汉大学出版社，2014.

[49] 李成明，杨洪娟. 英汉语言对比研究［M］. 徐州：中国矿业大学出版社，2013.

[50] 关丽，王涛. 英汉语言对比与互译指南［M］. 哈尔滨：东北林业大学出版社，2008.

[51] 何善芬. 英汉语言对比研究［M］. 上海：上海外语教育出版社，2002.

[52] 张良军. 实用英汉语言对比教程［M］. 哈尔滨：黑龙江人民出版社，2006.

[53] 周玉忠. 英汉语言文化差异对比研究［M］. 银川：宁夏人民出版社，2004.

[54] 武恩义. 英汉语言结构对比研究［M］. 西安：西安交通大学出版社，2017.

[55] 傅轶飞. 英汉网络语言对比研究［M］. 北京：国防工业出版社，2013.

[56] 张润晗，王素娥，霍盛亚. 英汉语言对比与互译［M］. 北京：清华大学出版社，2018.

[57] 孟燕只，沈娜. 英汉语言对比与翻译［M］. 成都：电子科技大学出版社，2017.

[58] 路洁，徐梅，朱明元. 英汉语言对比与商务翻译［M］. 长春：吉林教育出版社，2017.

［59］高彤彤. 现代视角下的英汉语言对比研究［M］. 西安：西安交通大学出版社，2017.

［60］陈帅. 英汉语言对比及英语教学研究［M］. 西安：西北工业大学出版社，2016.

［61］潘文国. 英汉对比与翻译［M］. 上海：上海外语教育出版社，2012.

［62］熊兵. 英汉对比与翻译导论［M］. 武汉：华中师范大学出版社，2012.

［63］邵志洪. 英汉对比翻译导论［M］. 上海：华东理工大学出版社，2010.

［64］许余龙. 对比语言学［M］. 上海：上海外语教育出版社，2010.

［65］张维友. 英汉语词汇对比研究［M］. 上海：上海外语教育出版社，2010.

［66］蔡基刚. 英汉词汇对比研究［M］. 上海：复旦大学出版社，2008.

［67］杨元刚. 英汉词语文化语义对比研究［M］. 武汉：武汉大学出版社，2008.

［68］张俊娜. 英汉语言对比分析［J］. 校园英语，2018（48）.

［69］李丽艳. 英汉语言对比与翻译［J］. 考试周刊，2016（102）.

［70］刘艺聪. 新时期中国英汉语言对比研究［J］. 中华少年，2018（2）.

［71］孙颖. 英汉语言对比体现的文化差异［J］. 明日风尚，2018（20）.

［72］张镡月. 英汉语言对比分析研究进展［J］. 校园英语，2018（34）.

［73］刘文飞. 英汉语言对比中的思维差异［J］. 散文百家（新语文活页），2018（12）.

［74］彭玺. 英汉语言对比与翻译的结合研究［J］. 魅力中国，2018（34）.

［75］孙佳欣. 基于英汉语言对比改善外语教学［J］. 民间故事，2018（17）.

［76］宋宇. 论英汉语言对比体现的文化差异［J］. 英语广场，2018（1）.

［77］程雪佳. 英汉语言对比与翻译的结合研究［J］. 中国民族博览，2017（5）.

［78］高铭. 英汉语言对比分析与英语翻译教学［J］. 小品文选刊，2017（20）.

［79］张远扬. 文化领域中的英汉语言对比［J］. 海外英语，2017（10）.

［80］赵海娜. 浅议英汉语言对比［J］. 中国校外教育，2014（24）.

［81］姬银萍. 英汉语言的对比与翻译［J］. 郑州航空工业管理学院学报（社会科学版），2014（2）.

［82］赵艳丽. 英汉语言对比中的意合与形合［J］. 汉字文化，2017（5）

［83］闫晓莉. 英汉语言对比在文化领域的思考［J］. 佳木斯职业学院学报，2015（11）.

［84］祝婷婷. 论英汉语言对比研究的应用［J］. 齐齐哈尔师范高等专科学校

学报，2015（3）.

［85］李明雪，唐利芹. 跨文化交际与翻译策略［J］. 兰州石化职业技术学院
　　　学报，2019，19（1）.

［86］张春艳. 高低语境下的跨文化交际策略［J］. 教育现代化，2019（36）.